Entwicklung und Bedingungen von Todeskonzepten beim Kind

Europäische Hochschulschriften

Publications Universitaires Européennes
European University Studies

Reihe VI

Psychologie

Série VI Series VI
Psychologie
Psychology

Bd./Vol. 489

PETER LANG
Frankfurt am Main · Berlin · Bern · New York · Paris · Wien

Günter Ramachers

Entwicklung und Bedingungen von Todeskonzepten beim Kind

PETER LANG
Europäischer Verlag der Wissenschaften

Die Deutsche Bibliothek - CIP-Einheitsaufnahme

Ramachers, Günter:

Entwicklung und Bedingungen von Todeskonzepten beim Kind / Günter Ramachers. - Frankfurt am Main ; Berlin ; Bern ; New York ; Paris ; Wien : Lang, 1994
(Europäische Hochschulschriften : Reihe 6, Psychologie ; Bd. 489)
ISBN 3-631-47639-6

NE: Europäische Hochschulschriften / 06

ISSN 0531-7347
ISBN 3-631-47639-6

Für Vanessa

Inhalt

Vorwort

Daß die Menschen sterben, weiß das Kind nicht von Anfang an. Daß es selbst sterben wird, auch das muß es lernen. Dabei handelt es sich aber nicht um ein Lernen, das etwa dem in der Schule vergleichbar und durch klares Lernziel, überschaubare und auch pädagogisch gestaltbare Lernschritte usw. gekennzeichnet wäre; denn die Sterblichkeit der Menschen und der eigene gewisse Tod bilden auch bei den Erwachsenen einen institutionellen Gedanken- und Gefühlskomplex ohne Eindeutigkeit, ohne abzählbare Wissenselemente, ohne sichere Gefühlsbasis. Zugespitzt: Das Kind muß etwas lernen, was die Erwachsenen, die Kultur insgesamt nicht verbindlich lehren können. Wahrlich, eine spannende Variante eines Sozialisationsprozesses!

Diesem Grundgedanken folgend geht die Arbeit von G. Ramachers zugleich gründlich und einfallsreich vorliegende empirische Studien zum Thema durch, um Aufschlüsse über die Entwicklung des Todeskonzepts beim Kinde zu gewinnen. Die hauptsächlichen Leistungen, die so zustandekommen, sehe ich im informierenden Überblick über den Stand der Forschung und in Anregungen für weitere, genauer durchdachte und nach Möglichkeit als Längsschnittstudien angelegte Untersuchungen. Mag auch die Entwicklung der kognitiven Dimension hinreichend geklärt sein - die Einordnung dieses unübersichtlichen Sozialisationsprozesses zum Thema Tod und Sterblichkeit in die gesamte Persönlichkeitsentwicklung und die Entwicklung der Lebensführung des Kindes bzw. Jugendlichen steht noch aus. Dies neben der Zusammenstellung von relativ verläßlichen Forschungsergebnissen aufgezeigt zu haben, darin sehe ich die anregende Kraft dieser Arbeit.

Hagen, Mai 1994

Werner Fuchs-Heinritz

A. Einführung: „der Tod" als Lernziel

„Why should we not envy ... the least of the Deathless? For of us is required a blind trust, and a hope without assurance, knowing not what lies before us in a little while. And yet we also love the earth and would not lose it."
(Tolkien, The Silmarillion, S. 265)

„Und wohin gingen *sie von hier? Ins Nichts."*
(Brecht, Kriegsfibel, Vers 21)

Die Trennung zwischen Lebendem und Totem und die Möglichkeit des Übergangs zwischen beidem, das Entstehen neuen Lebens und der Übergang in den Tod, zählen zu den Grunderfahrungen der Menschheit. Aristoteles formuliert wie selbstverständlich: „Of natural bodies, some have life and some do not; and it is self-nourishment, growth, and decay that we speak of as life." [Aristoteles, De Anima, 412a, 10-15] (Ackrill, 1987, S.165). Aber diese Selbstverständlichkeiten sind zugleich seit jeher ein Rätsel. Man kann mit Fuchs (1969, S.26) anthropologische Berichte über „primitive" Gesellschaften unserer Zeit - mit der gebotenen Vorsicht - als Grundlage für den Analogieschluß auf ursprüngliche Todesvorstellungen annehmen. Er faßt die wichtigsten Momente primitiver Todesbilder so zusammen:

„...der Todeseintritt geht zurück auf den gewalttätigen Eingriff sozialer (oder imaginär-sozialer) Macht, das Sterben ist nicht Todesmoment, sondern Ablauf und sozial definierter Übergang, der Übergang zielt nicht auf Negation des Lebens, sondern auf neues, anderes Leben." (Fuchs, 1969, S. 38)

Das ursprüngliche Rätsel des Todes liegt demnach in der Frage der Todesursachen und in der Frage des „neuen, anderen Lebens“: Wer verursacht den Tod, und was geschieht mit der Person nach dem Tode?

In jener knappen Aussage des Aristoteles kündigt sich bereits der Übergang zu einem anderen, spezifisch abendländisch-naturwissenschaftlichen Todesbegriff an, nach dem der Tod nicht den Übergang zu einer anderen Lebensform darstellt, sondern den Verlust des Lebens überhaupt. Dieses Todesverständnis ist nicht weniger rätselvoll als die ursprünglichere Vorstellung, aber das Problem ist nun ein anderes. An die Stelle der Schwierigkeit, etwas über den Aufenthalt der Toten zu erfahren, tritt die Unvorstellbarkeit des Nichtseins: Was entsteht, war zuvor nicht existent, was vergeht, das ist nicht mehr. Die Problematik liegt in der Inhaltslosigkeit dieses „nicht“ und in der Paradoxie jedes Versuchs, etwas darüber auszusagen.

Aristoteles vermeidet Aussagen über das Nichts weitgehend, indem er an die Stelle der Entstehung aus dem Nichts und des Vergehens ins Nichts die Idee des Wandels setzt. Indem etwas vergeht, entsteht daraus etwas anderes: das materielle Universum bleibt konstant [Aristoteles, De Generatione et Corruptione (GC), 318a, 15-20, 319a, 19-20] (Ackrill, 1987, S. 145,147). Aber das Konzept des Nichtseins wird dadurch nicht entbehrlich, denn das lebende Individuum wird im Tode nicht nur zu etwas anderem, sondern als Individuum ist es nicht mehr: „Men and animals ... do not return in such a way that the same one comes to be again...“ [Aristoteles, GC, 338a, 8-10] (Ackrill, 1987, S. 157). Die Person kann „nicht sein“.

Damit muß dann doch das Nichtsein zu einem Teil des Seins - des beständigen Universums - werden, so daß sich die für uns paradoxe Konsequenz einer Konstanz des Nicht-Seienden ergibt: „Thus it is equally from what is not that things come to be and into what is not that things perish. It is only natural, then, that is does not give out; for generation is the corruption of what is not and corruption the generation of what is not." [Aristoteles, GC, 319a, 26-29] (Ackrill, 1987, S.147).

Die Paradoxie dieser Überlegungen ist lehrreich, zeigt sie doch, wie von jeher die Vorstellung vom Übergang der Person in das Nichtsein das eigentlich Undenkbare am Begriff des Todes ist. Die Unvorstellbarkeit des Todes trifft vor allem den Gedanken an den eigenen Tod. Den Tod anderer mag man sich noch als Wandel vorstellen - aus einem lebenden Wesen wird ein toter Gegenstand. Das Bewußtsein aber, oder die Seele, ist an den Körper gebunden [Aristoteles, De An., II, 3; 414, 18-25] (Ackrill, 1987, S. 169). Ich werde nicht sein. „Das Todesdenken wird zu einer monotonen und manischen Litanei, die eine unableugbare Ähnlichkeit hat mit gewissen Erzeugnissen moderner Poesie: Ich werde sterben sterben werde ich sterben ich werde werde ich sterben sterben ich werde ich sterben." (Améry, 1987, S. 123)

Der Undenkbarkeit des eigenen Nichtseins ist die Philosophie auf unterschiedliche Weise begegnet. Der einfache Ausweg besteht darin, den ursprünglichen Todesbegriff beizubehalten und für die Person anstelle des Nichtseins ein Weiterleben in anderer Form zu postulieren. In der Theologie des Thomas von Aquin [Summa Theologica, I, 77, 8c] wird in einer neuen Ausdeutung der Aristotelischen Philosophie (vgl. Foster & Humphries, 1959, S. 431) die Lehre vom Fortbestand der intellektuellen Funktionen der Seele über das Lebensende hinaus klar ausgesprochen. Auch wenn dieser Gedanke dem Stand der theologischen Diskussion nicht mehr entspricht (Fuchs, 1969, S.54), so hat er seine tröstliche Attraktivität bis heute behalten, auch bei Naturwissenschaftlern(z.B. die Gesprächsbeiträge von Eccles in Popper & Eccles, 1977). Die große Aufmerksamkeit, die Berichte über vermeintliche Nachtoderfahrungen gefunden haben (Noyes, 1971; Moody, 1975; zur Interpretation vgl. Ochsmann, Hettwer & Flotho, 1991) erklärt sich wohl nicht zuletzt aus der Hoffnung, einen Blick auf die „andere Seite" werfen zu können. Der Glaube an ein Weiterleben nach dem Tode beschützt vor dem Denken an das Nichts, indem er positive Aussagen an die Stelle des „Nichts" setzt, und damit indirekt auf die Undenkbarkeit des Todes verweist.

Bei Autoren, die den Trost der Glaubensgewißheit nicht annehmen können, wird die Schwierigkeit, sich einen Übergang in das Nichtsein vorzustellen, unmittelbarer ausgesprochen. Berühmt ist der nüchterne Rat Epikurs, das nicht Denkbare nicht zu bedenken: „Der Tod ist uns nichts, denn wenn wir sind, ist der Tod nicht gekommen, und wenn der Tod gekommen ist, sind wir nicht." [nach Diogenes Laertius, Leben berühmter Philosophen, Buch X, sec. 125] (DeWolf & Donaldson, 1980). Der Existentialist Améry wehrt sich vehement gegen diesen Gleichmut und sieht sich in hoffnungsloser Revolte gegen ein Leben als alternder Mensch, dessen Ziel der Übergang ins Nichts ist. Aber sein Problem ist noch dasselbe wie bei Aristoteles und Epikur: „Tatsächlich enthält jede subjektive Aussage über den eigenen Tod ein logisches Problem. Ich bin nicht. Schließt hier nicht das „Ich bin" das „nicht" aus? ... Das „Ich bin" läßt kein „Nicht“ zu, wenn ich in mir selber bleibe und mein Ich als das verstehe, als was allein es für mich Sinn haben kann: als ein daseiendes. ... Wir begreifen“, so Améry, das absolute Nichts „so wenig wie den Tod.“ (Améry, 1987, 127).

Das Kind, das in die abendländische Kultur hineingeboren wird, erwirbt mit dem Todesbegriff eine Vorstellung, die auch seinen erwachsenen Lehrmeistern im Grunde rätselhaft bleibt, gleich ob sie sich mit dem Glauben an ein Weiterleben nach dem Tode trösten, die Undenkbarkeit der eigenen Nichtexistenz als unvermeidbar gleichmütig akzeptieren, oder verzweifelt gegen die Sinnlosigkeit eines undenkbaren „Nichts“ anrennen. Es muß sich einen Reim auf Erfahrungen und Lehren machen, die unverständlich und inkonsistent bleiben.

Das Konzept des Todes zählt zu den komplexesten Begriffen unserer Kultur. Die Auseinandersetzung des Kindes mit diesem Begriff ist deshalb ein wissenschaftlich besonders interessantes Beispiel für die Wechselwirkung von Reifungsprozessen und der Auseinandersetzung mit der Gesellschaft in der Entwicklung des kindlichen Denkens.

Diese Arbeit ist ein Versuch, den Stand der Diskussion zusammenzufassen. Dabei muß die altersabhängige Entwicklung der kognitiven Funktionen berücksichtigt werden. Im Mittelpunkt steht aber die Auseinandersetzung des Kindes mit seiner Umwelt. Dazu gehören zunächst die Todesvorstellungen, die von Erwachsenen, Institutionen und Gleichaltrigen angeboten werden, mit der Erfahrung des Todes anderer Personen in der Familie und im weiteren sozialen Umfeld, mit Darstellungen des Todes im Märchen und in den Massenmedien. Im Umgang mit diesem Material wird vorrangig das Konzept des Todes anderer erworben; das Kind wird nicht gezwungen, die Undenkbarkeit des eigenen Endes zu denken. Anders verhält es sich, wenn Kinder ihren eigenen Tod vor Augen haben, sei es durch die Gefahren eines Krieges oder die Erfahrung eigener, lebensbedrohender Krankheit, oder sei es, daß sie selbst den Tod geben, sich selbst oder anderen. Geht die persönliche Konfrontation mit dem Tod mit einem veränderten, gleichsam vorzeitig gereiften, Todesbegriff einher?

A 1 Das Konzept des natürlichen Todes

Als Kennzeichen eines „reifen" Todeskonzeptes, an dem die Entwicklung des kindlichen Todesbegriffs gemessen werden kann, gelten nach Speece und Brent (1984) generell die *Irreversibilität* des Todes, das *Ende aller Lebensfunktionen* („nonfunctionality"), sowie die *Universalität*. Diese Einteilung, die inzwischen weitgehend als brauchbare Grundlage anerkannt ist (Wittkowski, 1990), versucht, die Vielfalt der in der Literatur vorgeschlagenen Begriffsbestimmungen (z.B. Kane, 1979; Hoffman & Strauss, 1985) auf eine Mindestzahl empirisch unabhängiger Dimensionen zu reduzieren. Die Vorstellungen, die sich mit diesen Teilkonzepten verbinden, sind aus den von Speece und Brent im Fragebogen verwendeten Fragen (Tab. 1) ersichtlich.

Die Universalität wird von Schonfeld und Smilansky (1989, S. 597) mit der *Unvermeidbarkeit* des Todes gleichgesetzt. Niemand kann auf die Dauer dem Tod entfliehen.

Tabelle 1. Fragen zur Ermittlung von drei Komponenten des kindlichen Todesbegriffs.

Universalität

1. Wird jeder Mensch eines Tages sterben?
2. Werde ich (VL) eines Tages sterben?
3. Wird (bester Freund) eines Tages sterben?
4. Wird deine Mutter eines Tages sterben?
5. Wirst du eines Tages sterben?

Irreversibilität

1. Kann ein toter Mensch wieder lebendig werden?
2. Wenn ich einem toten Menschen etwas Wasser zu trinken gebe, könnte er dann wieder lebendig werden?
3. Wenn ich einem toten Menschen etwas zu essen gebe, könnte er dann wieder lebendig werden?
4. Wenn ich einem toten Menschen Medizin gebe, könnte er dann wieder lebendig werden?
5. Wenn ich einem toten Menschen einen Zauberspruch sagte, könnte er dann wieder lebendig werden?

Funktionsverlust („nonfunctionality")

1. Kann ein toter Mensch noch die Dinge tun, die er als Lebendiger getan hat?
2. Kann sich ein toter Mensch noch bewegen?
3. Kann ein toter Mensch noch sprechen?
4. Kann ein toter Mensch noch hören?
5. Kann ein toter Mensch traurig sein?

Anm.: nach Speece & Brent, 1992, S. 222; übersetzt vom Verfasser.

Irreversibilität definieren dieselben Autoren folgendermaßen „Der Tod wird als eine permanente Erscheinung gesehen, von dem es keine Erholung und keine Wiederkehr gibt.“ Eine Randbemerkung von Speece und Brent (1984, S.1671) erinnert daran, daß es sich hier nicht um die bare Selbstverständlichkeit handelt. Die Autoren verweisen auf den Unterschied zwischen der Erwartung, der physische Körper könne nach dem Tode ins Leben zurückkehren, und dem Glauben an ein spirituelles Weiterleben und beschränken ihre Aussagen auf ersteres. Es ist dies dieselbe Verteidigung des säkularisierten Begriffs gegen Wahrheiten des Glaubens, die Descartes einsetzte, als er den Gegenstand der Geistesphilosophie kennzeichnete als die „Seele, sofern sie denkt“ - und eben nicht die transzendente Seele. Dieser Todesbegriff ist kulturell und wissenschaftsgeschichtlich geprägt und offensichtlich standpunktgebunden.

Funktionsverlust, die Vorstellung, daß mit dem Tode alle Lebensfunktionen vollständig erlöschen, wird in der Literatur unterschiedlich bezeichnet: Speece und Brent sprechen von „nonfunctionality“ (bei Wittkowski, 1990, adaptiert als „Nonfunktio-nalität“), Lazar und Turney-Purta (1991) sprechen von „cessation“. Schonfeld und Smilansky und andere Autoren wie Orbach und seine Mitarbeiter (z.B. Orbach, Gross, Glaubman & Berman, 1986), die mit dem „Smilansky Death Concept Questionnaire“ (Smilansky & Weissman, 1978) arbeiten, verwenden statt dessen die etwas mißverständliche Bezeichnung Finalität, erfaßt durch Fragen wie „Kann eine tote Person fühlen?“ oder „Weiß ein toter Mensch, daß er tot ist?“. Der Begriff spricht weniger den Funktionsverlust als seine Endgültigkeit an, im weniger gebräuchlichen Sinn von „final“ als „Marking the last stage of a process; leaving nothing to be looked for or expected.." (Oxford English Dictionary, Eintrag „final, a.", Bedeutung 2.a).

Zusätzlich zu diesen Komponenten spielen noch die Folgenden in der Forschung eine Rolle:

Kausalität, d.h. ein realistisches Verständnis der Todesursachen, speziell im Gegensatz zu magischem Denken (das Kind gibt z.B. seinen „bösen Gedanken" die Schuld am Tod einer nahestehenden Person). Bei dieser auf Piaget zurückgehenden Komponente wird abgehoben auf die Entdeckung des Kindes, daß es mächtige und unverständliche Kräfte in der Welt gibt, die Ereignisse „verursachen" können, eine Erkenntnis, die den Boden bereitet für Trennungsangst und Hilflosigkeit (Lonetto, 1980).

Alter, die für die westliche Kultur typische Vorstellung vom Tod der Person als Teil der natürlichen Folge von Geburt, Wachstum, Altern und schließlich Tod. Ob ein solches Wissen dem jungen Menschen mehr sein kann als eine Abstraktion, mag in Frage stehen. In Amérys Essay über das Altern (1987, S. 30) wird die bewußte Erfahrung der Unumkehrbarkeit der Zeit erst dem alternden Menschen zugeschrieben. In Untersuchungen mit Kindern scheint die entsprechende Fragebogenskala in der Tat lediglich die Universalität oder Unvermeidbarkeit des Todes zu reflektieren und keinen eigenständigen Faktor darzustellen (Orbach, Talmon, Redem & Dov, 1987; Prichard & Epting, 1992).

Der Todesbegriff, der hier zum Maßstab der „Reife" gemacht wird, entspricht dem Begriff des *natürlichen Todes*, den Fuchs zugespitzt so charakterisiert: „Tod kommt aus natürlichen Ursachen, bedeutet Aufhören der biologischen Lebensprozesse, mit denen als ihrer Voraussetzung alle anderen Lebensprozesse gleichfalls enden. Was bleibt, ist ein Ding, die Leiche.“ (Fuchs, 1969, S.71)

Die Vorstellung von einer Welt, die ihre Ursachen in sich selbst trägt und nach Naturgesetzen geordnet ist, sieht Fuchs seit der Renaissance in unserem Kulturkreis entstehen, verbunden mit dem Aufstieg der bürgerlichen Schicht. Die Wiederentdeckung des Aristoteles, und später des Hauptteils der Schriften Platons hat das ihre zu dieser Weltvorstellung beigetragen: die Nähe dieses Naturbegriffs zu der eingangs zitierten Aristotelischen Vorstellung von einer in der Materie konstanten, in stetiger Bewegung befindlichen Welt mit ihrem Ineinander von Werden und Vergehen ist offenkundig. Nicht zuletzt hat der technologische Fortschritt und mit ihm verzahnt, das Wiedererwachen der Naturwissenschaften zu seiner Verbreitung beigetragen. Der „natürliche Tod“ nimmt nun auch das Lebensende aus dem Reich geheimnisvoller, von außen wirkender Kräfte und göttlicher Fügung heraus und erklärt den Tod zum Teil dieser natürlichen Ordnung.

„Nicht mehr als Dämon oder Gott erscheint er [der Tod] jetzt, als aus dem Jenseits einbrechende Macht oder als Konsequenz magisch-religiöser Konstellationen, sondern als am Ende der biologischen Kräfte des Menschen wirkende natürliche Gesetzmäßigkeit.“ (Fuchs, 1969, S. 62).

Erst die Entwicklung des Naturbegriffs und in ihrem Gefolge, des „natürlichen Todes“ macht viele uns selbstverständlich gewordene Gedanken überhaupt möglich. Dazu noch einmal zusammenfassend Fuchs:

„Der Begriff des natürlichen Todes hat sich .. in zwei Momenten als das »progressivste« Bild aufweisen lassen. Er widerspricht allen magischen und religiösen Vorstellungen vom Leben nach dem Tode, indem er die Ursachen und Folgen des Todes als natürlich angibt. Im zweiten Schritt führt er zur Erkenntnis, daß nicht alle Menschen an natürlichen Ursachen sterben, und weiter zur Forderung nach gewaltloser Einrichtung der Gesellschaft. In der Einsicht, daß der Tod auf Natur zurückgeht, reflektiert sich ein entwickelter Stand der Naturbeherrschung und Naturkenntnis. Im zweiten, gegen soziale Gewalt gerichteten Moment erhält das Bild vom natürlichen Tod normativen Charakter. Es tritt aus dem Bereich der sozio-kulturellen Orientierungen im eigentlichen Sinne heraus und muß unter diesem zweiten Aspekt zu den zentralen Wert- und Ordnungsvorstellungen gerechnet werden, die das Handeln aller Mitglieder der Gesellschaft beeinflussen. Diese Wertvorstellung verlangt, daß Leben erhalten werden soll, daß alle nicht-natürlichen Todesursachen ausgeräumt werden." (Fuchs, 1969, S.82)

In dieser Schlußfolgerung wird der gesellschaftlich vermittelte Charakter des Todeskonzeptes deutlich. Nicht das wahre oder einzig denkbare Konzept vom Tod wird reklamiert, sondern das „fortschrittlichste", gemessen an seiner Übereinstimmung mit dem naturwissenschaftlichen Weltbild und an seinem gesellschaftlichen Nutzen. Der Begriff des natürlichen Todes, der in der Literatur als Maßstab eines „reifen" Todeskonzepts gesetzt wird, verweist nur zum Teil auf *Erfahrungswerte*. Er impliziert auch eine bestimmte *Deutung* der Welt und, damit verbunden, einen Wertekanon; beides entzieht sich einer objektiven Einteilung in Richtiges und Falsches. Das Erlernen des Todesbegriffs ist Teil der *Sozialisation*.

Die Auseinandersetzung des Kindes mit dem Begriff des Todes wird, anders als es bei dem Erlernen reinen Faktenwissens der Fall ist, durch die Pluralität unserer Gesellschaft erschwert. Die Vorstellung vom natürlichen Tod besteht ohnehin oft parallel zu religiösen Vorstellungen und Mythen vom Leben nach dem Tode. Verschiedene Personen können beiden kulturell akzeptierten Konzepten in unterschiedlicher Kombination anhängen; Menschen, die selbst eher den Tod als Ende des Lebens ansehen, können Kinder mit dem Verbleib Verstorbener „im Himmel" zu trösten versuchen. Ungewißheit, Instabilität und die Perspektivenvielfalt hinsichtlich des Lebens nach dem Tode, die die Einheitlichkeit des Todesbegriffs in der Erwachsenenwelt aufbrechen, lassen erwarten, daß Kinder im Verlauf ihrer Sozialisation (die sich ja nicht auf den Kontakt mit nur *einer* Person zu *einem* Zeitpunkt beschränkt) mit widersprüchlichen Informationen konfrontiert werden. Hinsichtlich der *konkreten* Erwartungen, wie sie von Speece & Brent (1992) im Fragebogen umgesetzt werden, wird Kindern unseres Kulturkreises schon eher konsistente Information vermittelt, so daß die Unsicherheit der Erwachsenen hinsichtlich des Lebens nach dem Tode den Erwerb der grundlegenden Konzepte nicht berühren muß. Zweifel sind aber angebracht. Deshalb sollen einige Faktoren, die auch die Irreversibilität, Universalität des Todes und das Ende aller Lebensfunktionen in Frage stellen können, zumindest abschließend genannt werden. Dazu gehört die Unsicherheit der medizinischen Todesdefinition und der Todeszeitpunktes, religiöse Mythen von der Wiederbelebung Toter, Auferstehung oder Wiedergeburt und - zum Teil damit verbunden - die Frage der relativen Bewertung von Leben und Tod.

Todesdefinition und Todeszeitpunkt

Der Organismus stirbt nicht als Ganzes, an einem einzigen Zeitpunkt; das Sterben ist vielmehr ein komplexer Prozeß, in dem die Teilsysteme zu unterschiedlichen Zeiten ihre Funktion einstellen; auch die Umkehrbarkeit des Funktionsverlustes unterscheidet sich je nach dem betroffenen System. Das heißt, daß unterhalb einer hoch anzusetzenden Schwelle, jenseits deren ein Mensch endgültig und unumkehrbar als tot gilt, einen Bereich der Ungewißheit gibt, in dem die Grenze zwischen Leben und Tod verwischt und „Tod" zu einer Definitionsfrage wird. Diese Problematik verbindet sich in der medizinethischen Diskussion z.B. mit der Entwicklung des Todeskriteriums vom Herz- zum Hirntod (z.B. Gunzinger, 1978), mit ethischen und juristischen Diskussionen um Fragen der Organtransplantation und der passiven Sterbehilfe (Winau, 1984; Stadler, 1991). Aber sie schlägt sich auch in Ängsten und Populärmythen nieder, die auf Kinder einwirken.

Im neunzehnten Jahrhundert war die Furcht vor dem Scheintod - und folglich dem lebendig-Begrabenwerden - verbreitet. E.A. Poe hat das Thema mehrfach genutzt, so in „Das verräterische Herz" und „Der Untergang des Hauses Usher". In „Das vorzeitige Begräbnis" schreibt er: „Die Grenzen, die das Leben vom Tode scheiden, sind besten Falles schattenhaft und vag. Wer könnte sagen, wo das eine endet und wo das andere beginnt? Wir wissen, es gibt Krankheiten, bei welchen ein totales Erlöschen aller sichtbaren Lebensfunktionen eintritt - und wo dies Erlöschen doch bloß ein Aussetzen ... ist." (Poe, 1967, II, S.789).

Diese Furcht verbindet sich in eigentümlicher Dialektik mit der entgegengesetzten Grenzverwischung in amerikanischen - nicht nur amerikanischen - Bestattungsbräuchen, in denen die Toten einbalsamiert, „wie lebendig" im offenen Sarg zur Schau gestellt werden. Mitford (1965) zitiert aus einem Lehrbuch für Einbalsamierer: „... müssen wir annehmen, daß sich die besten Ergebnisse erzielen lassen, wenn der Betreffende vor dem vollständigen Erlöschen des Lebens einbalsamiert wird, das heißt, ehe der zellulare Tod eingetreten ist. ... Das Einbalsamieren mittels Einspritzung von Chemikalien dient nicht zuletzt dem Zweck, diese Angst vor dem Lebendigbegrabenwerden zu beschwichtigen." (S. 52).

Schließlich sei an gängige Mythen von „Untoten" erinnert, so die Vampirgestalt des Dracula und die karibischen Zombies, die über Medien, „adventure games" als Bücher und Computerspiele längst auch Kindern zugänglich sind.

Informationen über Zwischenzustände zwischen Leben und Tod, vom Scheintod bis zum lebenden Toten, können also durchaus zum gesellschaftlichen „Lehrplan" gehören. Sie sind grundsätzlich geeignet, die Kriterien der Irreversibilität und des Funktionsverlustes in Frage zu stellen.

Religiöse Vorstellungen und Mythen

Zwar zählt (christliche) Religiosität zu den Variablen, die in der Thanatopsychologie besondere Beachtung gefunden haben (vgl. Wittkowski, 1990), die empirische Forschung hat sich jedoch fast ausschließlich auf den Zusammenhang zwischen religiösem Erleben und Todes- oder Sterbensangst konzentriert. Der Einfluß religiös fundierter Auffassungen von der Unsterblichkeit der Seele und dem Weiterleben nach dem Tode auf die

Entwicklung des kindlichen Todesbegriffs ist noch weitgehend ungeklärt.

Speece und Brent (1984) verweisen mit ihrer sorgsamen Abgrenzung der Unumkehrbarkeit des physischen Todes von Fragen des spirituellen Weiterlebens darauf hin, daß der „natürliche Tod" auch dem modernen Erwachsenen nicht selbstverständlich ist - die Undenkbarkeit des Nichtseins bleibt bestehen. So hat die spirituelle Fortexistenz des Toten in der abendländischen Kultur durchaus materielle und irdische Züge. In den Evangelien lesen wir vom wundertätigen Jesus, der Tote wieder ins Leben ruft, und zumindest die Geschichte von der Auferstehung des Lazarus im Johannesevangelium macht drastisch klar, daß dies Wunder nicht Erweckung vom Scheintod ist, sondern daß die Irreversibilität des Todes aufgehoben wird: „Martha, die Schwester des Verstorbenen, sagt zu ihm: Herr, er riecht schon, denn er ist vier Tage tot." (Johannes, 11, 39) Im Glauben an das Fortbestehen der wahrnehmenden und denkenden Person, der Seele, nach dem Tod werden Leben und Tod zu verschiedenen Zuständen der Person. In konkreter Ausformung solcher Vorstellungen entwickelt sich z.B.

- die Lehre von Übergangsorten wie dem Fegefeuer,
- Existenzformen zwischen irdischer und nichtirdischer Existenz wie Wiedergänger und Geister,
- Jenseits, Himmel und Hölle als konkret gedachte Orte.

Von diesen Vorstellungen sind zumindest der Geisterglaube sowie die Fortexistenz Verstorbener als Engel - oder als Verdammte in der Hölle - zum Allgemeinbestand einer etablierten Trivialkultur geworden, mit denen Kinder in jedem Fall relativ früh konfrontiert werden. Abb. 1, der Aufbauanleitung einer Spielzeugburg entnommen, zeigt den „Schloßgeist" als Spielfigur.

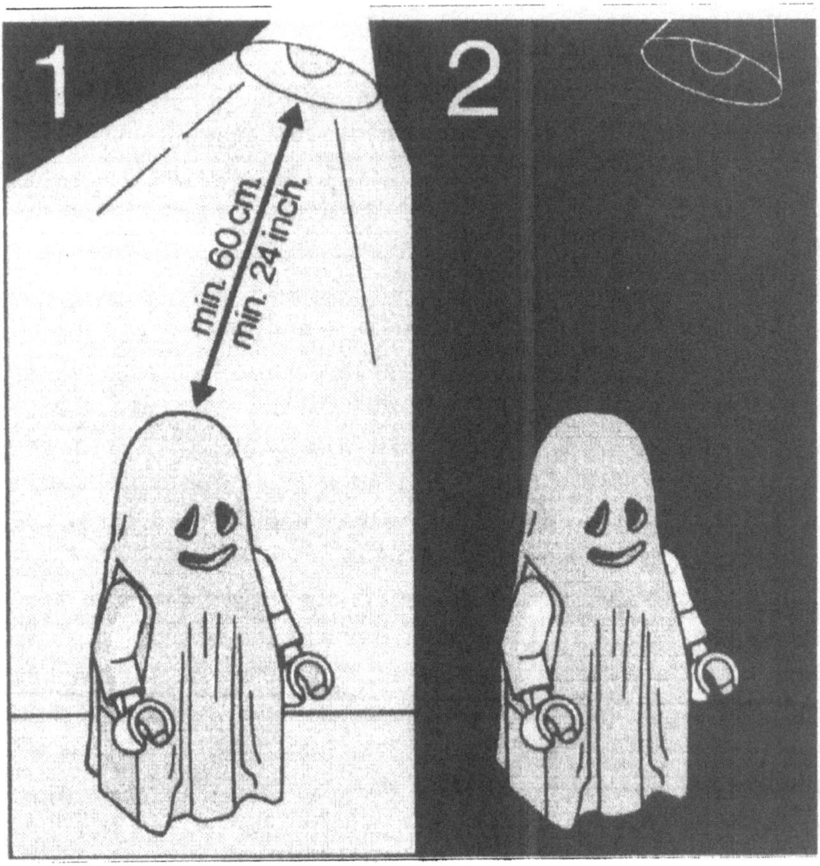

Abbildung 1. Ein „Geist" als Spielfigur. Aus der Aufbauanleitung zu LEGO, Nr. 6081, 1990.

Abb. 2 ist eine von vielen Adaptationen der Gottesgestalt nach dem Vorbild Michelangelos, als vermenschlichte Person auf einer recht materiellen Wolke stehend, eben „im Himmel". Es wäre zu einfach, wollte man im Glauben an Existenzformen und -bereiche zwischen Tod und Leben nur einen der kindlichen Unreife entspringenden und im Laufe der Entwicklung zu überwindenden Aberglauben sehen; aus kindlicher Perspektive

God makes the snake

Abbildung 2. (Aus Larson, 1992, Unnatural Selections, S. 75).

ist er zunächst auch Teil der Erwachsenenwelt, in die das Kind im Verlauf seiner Sozialisation hineinwächst.

Die religiöse Tröstung vom Fortleben nach dem Tode besteht dementsprechend fort. In Todesanzeigen lesen wir, wenn auch inzwischen seltener, Formulierungen wie „Der Herr nahm ihn ... zu sich in die Ewigkeit", oder es wird der „Heimgang" eines Verstorbenen angezeigt. Kürzlich erzählte in einer Zeitung als „Kindermund"-

Anekdote eine Mutter, wie sie auf die Frage nach dem verstorbenen Dackel ihrer Tochter gesagt habe, das Tier sei im Himmel und passe auf, was wir hier auf der Erde machen - was die kindliche Antwort provozierte, der Hund solle sich nicht zu weit vorbeugen, damit er nicht herunterfällt.

Die Bewertung von Leben und Tod

Die Implikation des „natürlichen Todes", daß unnatürliche Tode zu verhindern und im Rahmen der Naturbeherrschung Leben zu erhalten sei, ist ebenfalls kein Allgemeingut. Der Tod kann beispielsweise als Schicksal erscheinen, das zu akzeptieren ist, nicht als beherrschbares Naturphänomen. Eltern mancher christlicher Gemeinschaften nehmen den Tod eines Kindes in Kauf, um die Sünde einer Blutübertragung zu vermeiden. Verbunden mit dem Glauben an das Weiterbestehen der Seele wird der Tod zum Gewinn, zum Übergang in eine bessere Welt. Paulus schreibt im Philipperbrief: „Denn für mich ist das Leben [ein Dienst an] Christus und das Sterben ein Gewinn. ... Es wird mir aber von den zwei Dingen hart zugesetzt, indem ich Lust habe, abzuscheiden und bei Christus zu sein, denn das wäre bei weitem das bessere; aber im Fleisch zu bleiben ist nötiger um euretwillen." (Phil., 1, 21-24) Der Tod kann auch zum Ziel werden - der Schritt ist hier nicht mehr weit.

Auch andere, nicht primär religiöse Werte sind immer wieder über das Leben gesetzt worden - die Verklärung des „Heldentodes" hat z.B. Tradition: „dulce et decorum....", bis hin zum Zynismus des nationalsozialistischen Singbuchs: „Denn die Fahne ist mehr als der Tod."

In der ethischen Diskussion schließlich wird der Wert des Lebens unmittelbar zur Diskussion gestellt, wobei es immer wieder darum geht, ob vom jeweils gewählten Standpunkt aus Leben erhaltenswert oder nicht erhaltenswert sei (Singer, 1991, und als Vertreter der diametral entgegengesetzten Position, Eibach, 1992). Bei dieser Diskussion steht nicht das eigene Leben zur Disposition, sondern die moralische Beurteilung des Tötens: Abtreibung, das Töten von Tieren, und die verschiedenen Formen der Euthanasie sind Singers Beispiele.

Das Konzept des natürlichen Todes ist demnach auch hinsichtlich seiner Wertkomponente kein allgemein verbindlicher Bestandteil des gesellschaftlichen Lehrplans; sowohl der Tod anderer als auch der eigene Tod werden in der Gesellschaft höchst unterschiedlich bewertet, oft im Gegensatz zu den der Aufklärung entstammenden, die mit dem „natürlichen Tod" verbunden sind.

Hat diese Pluralität einen Einfluß auf den Erwerb des Todesbegriffs beim Kind? Spätestens der Jugendliche wird sowohl mit Idealen des Sterbens-für-etwas als auch mit den ethischen Problemen des Tötens und Sterbenlassens konfrontiert. Es ist denkbar, daß zumindest die Wertediskussionen vor der Pubertät keinen nennenswerten Einfluß haben, weil sie das kindliche Verständnis überfordern. Dennoch ist zumindest zu bedenken, daß der Begriff, den das Kind erlernt, Unschärfen und Widersprüche enthalten kann: Inkonsistenzen in den Aussagen der primären Bezugspersonen, unterschiedliche Aussagen von Familienmitgliedern, Lehrern und anderen Erwachsenen, Spiel- und Schulkameraden und Medien. Auch wenn die Pluralität der Gesellschaft durch die eigene

Familie als dominierende Sozialisationsagentur „gefiltert" wird, dürften Unschärfen bleiben.

B. Normalzeit - Die biologische Endlichkeit

Dieses Kapitel befaßt sich mit dem Erwerb der Vorstellung von einem „normalen" Lebensablauf, der am Ende unvermeidlich mit dem Tod endet: eben das macht die Vorstellung vom *natürlichen Tod* aus. Wir haben bereits gesehen, daß dies keine gleichsam „von Natur aus" mitgegebene Selbstverständlichkeit ist, im Unterschied zu den - impliziten - Konzepten des vom Beobachter unabhängigen Gegenstandes, des Raumes, der Zweck-Mittel-Relation[1] oder auch des Gesichtsschemas, die in der frühkindlichen Phase sensumotorischer Entwicklung ausgebildet werden.

Das Todeskonzept als Bestandteil eines gesellschaftlich verankerten Lehrplans *entwickelt* sich nicht, sondern wird im Lauf der Sozialisation *erlernt*. Die Vermittlung dieser Inhalte findet vornehmlich in der Familie statt, wobei den Eltern (oder den Personen, die an ihrer Stelle als vorrangige Bezugspersonen fungieren) die Hauptrolle zukommt. Wie bereits erwähnt, bestehen vor allem hinsichtlich des Lebens nach dem Tod erhebliche Unterschiede und Inkonsistenzen auch in der Erwachsenenwelt, die Rede von „dem" gesellschaftlichen Lehrplan ist insoweit sicherlich eine Vereinfachung. Dennoch können wir erwarten, daß diese Lernprozesse überindividuelle Gemeinsamkeiten aufweisen und daß die Suche nach einer Stufenfolge in der Entwicklung des Todeskonzepts sinnvoll ist. Die Familien sind weder in der Isolation entstanden noch sind sie in der Regel sozial isoliert, und die Kinder leben kaum jeweils aus-

---

1 Psychologisch gesehen, sind Kants Kategorien des Raumes, der Zeit und der Kausalität in der Tat *a priori*.

schließlich in der Familie (z.B. Freunde, Kindergarten, Schule, etc.). Trotz aller interindividuellen Differenzen kann man doch ein gewisses Maß an Einheitlichkeit in einem bestimmten kulturellen Umfeld unterstellen. Auch die Lern- und Verständnisfähigkeiten dieser Kinder entwickeln sich in vergleichbarer Weise, wenngleich eine gewisse Varianz hinsichtlich des Entwicklungstempos besteht. Stufen in der Entwicklung des kindlichen Todeskonzeptes können also als Ergebnis der Interaktion des Kindes mit seinem gesellschaftlichen Umfeld verstanden werden, wobei die Gesellschaft die allgemeinen Inhalte vorgibt - die in Grenzen interfamiliär variieren - und die sich entwickelnden kognitiven Fähigkeiten des Kindes die Umsetzung dieser Inhalte in charakteristisch veränderte, kindliche Todeskonzepte bewirken.

In den folgenden Abschnitten wird zunächst erörtert, wie die Annäherung des kindlichen Todesbegriffs an das Konzept des natürlichen Todes aus entwicklungspsychologischer Sicht ablaufen sollte. Für die kognitive Entwicklung greifen wir hier vor allem auf die Theorien Piagets zur Entwicklung der kindlichen Intelligenz (Piaget, 1975a) zurück, für die emotionale Entwicklung auf Bowlbys (1983) Überlegungen zur Trauer. Zur Illustration wird auf einige inzwischen klassisch gewordene Studien zur Entwicklung des Todeskonzepts zurückgegriffen. Anschließend wird beschrieben, inwieweit diese Vorstellungen durch neuere Arbeiten bestätigt, erweitert oder korrigiert werden.

Tabelle 2. Entwichtung des Todeskonzeptes, nach Gesell & Ilg.

1-3 Jahre	Das sehr kleine Kind hat ein begrenztes oder gar kein Verständnis von Tod.
5 Jahre	In diesem Alter tritt eine begrenzte oder unklare Anwendung des Wortes Tod auf. Obwohl das Kind in der Lage ist, die Vorstellung auszudrücken, daß Tod mit Leid und Traurigkeit zusammenhängt, ruft das Wort keine emotionale Reaktion hervor.
6 Jahre	Das Begriffsvermögen von Tod ist spezifischer, realer und genauer. Das Kind kennt die physischen Aspekte von Tod, wie die Bewegungsunfähigkeit eines Toten, ebenso ist es sich über die. Endgültigkeit im klaren. Der Umgang mit Tod ist eher sachlich als emotional.
7 *Jahre*	Größeres Bewußtsein über und steigendes Interesse am Tod bilden sich aus, da das Kind beginnt, emotional auf ihn zu reagieren. Es kommt zu auffälliger Beunruhigung über den möglichen Tod von Angehörigen, besonders der Mutter.
7 *Jahre*	Die Kinder entwickeln Neugier hinsichtlich Todesursachen, wie Mord, Krankheit, Alter und Unfälle. Es besteht Interesse an Ritualen, Totenfeiern und Beerdigungen. Das Kind glaubt noch, daß es niemals sterben wird.

(Fortsetzung Tabelle 2)

7 Jahre	Das Begriffsvermögen von Tod ist realistischer .Das Kind bleibt weiterhin interessiert an Todesursachen und Todesritualen.
8 Jahre	Interesse daran setzt ein, was nach dem Tod geschieht. Das Kind akzeptiert die Unvermeidlichkeit von Tod für alles Lebendige, es selbst eingeschlossen.
9 Jahre	Das Kind zeigt ein tieferes Verständnis für die beim Tod stattfindenden biologischen Prozesse und deren Endgültigkeit. Es besteht eine geringere Angst vor dem Tod, und die Reaktionen auf Tod sind weniger emotional.
10 Jahre	Das Kind nimmt eine realistische, sachliche Haltung ohne ein besonderes Interesse an den philosophischen Aspekten von Tod ein.
11 Jahre	Das Kind beginnt, theoretische und philosophische Fragen darüber zu stellen, was nach dem Tod geschieht und zeigt Interesse an Gesprächen über Verstorbene.
12 Jahre	Der Vorpubertäre beschäftigt sich mit dem Leben nach dem Tod, bleibt jedoch skeptisch, ob es das wirklich gibt.

(Fortsetzung Tabelle 2)

Pubertät	Spekulatives und philosophisches-Interesse richtet sich auf das Leben nach dem Tod Es besteht eine große magische Angst vor dem Tod, begleitet von starken emotionalen Reaktionen.

Anmerkung: zitiert nach Orbach (1990, S. 101f).

B 1 Reifung und Interaktion

Empirische Untersuchungen zur Entwicklung der Vorstellung vom Tod sind erst seit den achtziger Jahren in wachsender Zahl veröffentlicht worden. Die Anzahl älterer Studien ist relativ gering und Wittkowski (1990, S. 43) ist sicher recht zu geben, wenn er sie als „teilweise äußerst spekulative Arbeiten" qualifiziert. Dennoch haben sich ihre Kernaussagen zum Teil als durchaus treffend erwiesen. Orbach (1990) hebt hier vor allem die Beobachtungen von Gesell und Ilg (1946) hervor (Tabelle 2). Nach dieser Darstellung ist es erforderlich, einen Unterschied zwischen dem kognitiven Verständnis des Todeskonzeptes und der emotionalen Betroffenheit zu machen, die aus der Erkenntnis kommt, daß das endgültige „Umwandeln Lebendiger zu Toten" - wie Christian Morgenstern es in seinem Gedicht „Die unmögliche Tatsache" formuliert - Menschen betreffen könnte und am Ende treffen wird, die dem Kind nahestehen, und im nächsten Schritt auch das Kind selbst. Die konzeptuelle Entwicklung geht dem z.T. voraus. Überträgt man diese Aussagen auf die Komponenten des Todeskonzepts, so kann man den Erwerb der Irreversibilität und des (zumindest physischen) Funktionsverlustes für das fünfte bis sechste Lebensjahr erwarten. Im siebenten Jahr sollte sich allmählich das Verständnis der Universalität des Todes entwickeln, mit der Konsequenz, daß der Tod erstmals als etwas erscheint, was das eigene Umfeld betrifft. Die emotionale Betroffenheit wird freilich nur für den befürchteten Verlust Nahestehender angegeben, während die Erkenntnis der eigenen Sterblichkeit vorerst einen theoretischen Charakter behält.

Ob die der Pubertät zugeschriebene magische Angst vor dem Tod darauf hindeutet, daß dann erstmals der Tod auch konkret und nicht nur als abstrakte Aussage auf das Selbst bezogen wird, darüber ließe sich spekulieren. Wird schon dann der Tod zu „unserer Sache", oder bleibt dies in der Regel eine Episode, die zur Konstruktion eines *modus vivendi* führt, den erst die Erfahrung des Alterns zerstört (vgl. Améry, 1987)? Solche Fragen können hier allerdings nur angedeutet werden.
Als letzte Dimension des Todesbegriffs soll nach Gesell und Ilg die Vorstellung vom endgültigen Erlöschen aller Lebensprozesse (nonfunctionality) erworben werden, die wir bereits als Spezifikum der Konzeption des natürlichen Todes kennengelernt haben, die allerdings keineswegs von allen erwachsenen Menschen, auch unseres Kulturkreises unbedingt geteilt wird.

B 1.1 Kognitive Aspekte des Todesverständnisses

Als theoretische Grundlage der Entwicklung kognitiver Voraussetzungen für die Übernahme der Vorstellung vom natürlichen Tod bietet sich die Theorie der geistigen Entwicklung von Jean Piaget an (Piaget, 1969; Piaget & Inhelder, 1974; vgl. zusammenfassend Montada,

Tabelle 3. Stufen der geistigen Entwicklung nach Piaget.

1.		sensumotorische Entwicklung, bis zur Antizipation von Handlungsergebnissen
2.	*ab 1-2 Jahren*	voroperatorisches, anschauliches Denken
3.	*ab 5-6 Jahren*	konkret-operatorisches Denken
4.	*ab ca. 12 Jahren*	formal-operatorisches Denken

1987), zumal Piagets genetisches Erklärungsmodell Entwicklung explizit als Ergebnis einer laufenden Auseinandersetzung des Individuums mit der Umwelt darstellt. Trotz seines interaktiven Ansatzes postuliert Piaget ein Stufenmodell, wobei die Stufen nach Piagets Ansicht deshalb in einer bestimmten Reihenfolge aufeinander folgen, weil jeweils die niedrigere Stufe die notwendige Voraussetzung für das Erreichen der höheren Stufe ist. Neuere Studien zur Entwicklung des Todeskonzepts bei Kindern greifen in der Regel auf dieses Stufenmodell zurück und leiten aus ihm Hypothesen über die Entwicklung des Todeskonzeptes in Abhängigkeit vom jeweiligen Stand der kognitiven Entwicklung ab. Im folgenden sollen daher zunächst die von Piaget postulierten Entwicklungsstadien skizziert und ihre Konsequenzen für die Entwicklung des Todeskonzeptes diskutiert werden.

Der Rückgriff auf ein interaktives Entwicklungsmodells wie das von Piaget bietet den grundsätzlichen Vorteil, daß sowohl das unterschiedlich schnelle Entwicklungstempo als auch besondere Erfahrungen von Kindern berücksichtigt werden können, die sich in der kindlichen Todesvorstellung niederschlagen: z.B. die Auseinandersetzung mit dem erlebten Tod anderer oder mit lebensbedrohender eigener Krankheit. Um diesen Vorteil zu realisieren, müßten allerdings die kindlichen Todesvorstellungen in Abhängigkeit vom gemessenen Entwicklungsstand des Kindes betrachtet werden, am günstigsten im Rahmen von Längsschnittuntersuchungen, die den Übergang von einer Entwicklungsstufe zur anderen einschließen. Allerdings weist Wittkowski (1990) darauf hin, daß eine ausreichende theoretische Analyse des Zusammenhangs zwischen den generellen Denkfähigkeiten, die Piaget thematisiert, und den speziellen Anforderungen der Todesthematik noch aussteht. Auch die empirische Datenbasis ist noch schmal. Bislang liegen fast ausnahmslos Querschnittsuntersuchungen mit verschiedenen Altersgruppen vor, die zudem aufgrund der opportunistischen Auswahl der Altersstufen und Unterschieden in der Kombination von Altersstufen zu Gruppen kaum miteinander vergleichbar sind. Der persönliche Entwicklungsstand wird zusätzlich zum Lebensalter gelegentlich berücksichtigt (z.B. Orbach et al., 1986; Speece & Brent, 1992, Gorman, 1983; Sisson, 1987). Die „short-term longitudinal study" von Lazar und Torney-Purta (1991) scheint die einzige ihrer Art zu sein. In vielen Fällen bleibt der Bezug auf Piaget recht unverbindlich., zumal gelegentlich das Lebensalter teils als besserer Prädiktor erscheint als der Entwicklungsstand (z.B. Hornblum, 1978; Gorman, 1983; Sisson, 1987).

Es ist daher nicht verwunderlich, daß auch zusammenfassende Darstellungen (Speece & Brent, 1984; Stambrook & Parker, 1987; Wittkowski, 1990) bisher nur zu vorläufigen und teils widersprüchlichen Schlußfolgerungen gelangen. Auch die vorliegende Darstellung muß in erheblichem Umfang spekulativ bleiben.

Sensumotorische Entwicklung und voroperatorisch-anschauliches Denken

Auf der Stufe der sensumotorischen Entwicklung fehlt dem Kind selbstverständlich noch jede Möglichkeit, über das Nichtsein zu reflektieren. Einer der nach Piaget bedeutsamsten Fortschritte der frühesten Kindheit, die Entdeckung der Objektpermanenz zwischen dem sechsten und achten Lebensmonat, steht der Entwicklung einer Vorstellung vom Tod in der nachfolgenden Phase des voroperatorischen Denkens sogar entgegen. Das Kind lernt, daß ein Gegenstand auch dann noch existiert, wenn er nicht zu sehen ist. Analog bleibt eine verstorbene Person doch repräsentiert - die Objektpermanenz ist die Vorbedingung für die ursprüngliche Vorstellung, daß der Tod eine Art reduziertes Weiterleben sei: die Verstorbenen sind fortgegangen. Lonetto (1980) schildert das Alter von drei bis fünf Jahren auf der Basis der klassischen Studie von Nagy (1948):

„Death to these children is a departure; a living on in some other place. The most influential aspect of this conception is that of separation. If anyone goes away from the child, they may be considered to be dead. A person doesn't simply disappear, he must live somewhere! Children at this stage of development often ask questions concerning where the person went and how they are getting on. The dead can live on in the cemetery, although under conditions of restricted mobility..." (Lonetto, 1980, S. 35)

Die Toten sind auf dem Friedhof, oder im Himmel. Von dort können sie möglicherweise wiedergeboren werden, mit einem neuen Körper (vgl. Lonetto, 1980, 65ff.). Das Kind auf der Stufe des voroperativen, anschaulichen Denkens denkt nach Piaget egozentrisch, d.h. es bleibt zunächst in seiner eigenen Gegenwartsperspektive gefangen und erwirbt erst allmählich die Fähigkeit, sich z.B. in andere Menschen hineinzuversetzen. Was auf dieser Basis kaum vorstellbar ist, ist der Tod als Vergehen, als Ende aller Lebensfunktionen („nonfunctionality"), denn dazu müßte die egozentrische Perspektive aufgegeben werden: solange sie besteht, ist es nicht denkbar, daß eine Person aufhört, Person zu sein und zu handeln.

Diese Begrenztheit wirkt freilich nur dann naiv, wenn wir sie an der Elle des „natürlichen Todes" messen. Fuchs (1969, S. 44) erinnert daran, daß bis in die Neuzeit hinein in unserem Kulturkreis Leichen Rechtssubjekt sein konnten, die man anklagen oder gar noch einmal hinrichten konnte. In der heutigen Erwachsenenfrömmigkeit ruft z.B. „Unser himmlischer Vater unsere liebe Mutter ... zu sich" (Todesanzeige); kindliche Wiedergeburtsvorstellungen haben ihre Entsprechung in religiösen und meditativ-philosophischen Denkgebäuden wie dem Buddhismus oder der anthroposophischen Lehre R. Steiners. Das kindliche Denken trifft hier auf ein allgemeines Problem menschlicher Vernunft. Man wird die kindliche Denkweise und die erwachsene Suche nach einem Ausweg aus der undenkbaren Vorstellung vom existentiellen Untergang allerdings nicht gleichsetzen können, auch wenn die Ergebnisse sich gleichen. Wo dem jungen Kind die kognitive Kompetenz zur Akzeptanz des „natürlichen Todes" abgeht, wird man bei erwachsenen Menschen gleich welcher Kultur andere, beispielsweise emotionale und motivationale Hemmnisse annehmen müssen.

Zum Ende der sensumotorischen Entwicklung können Kinder bereits in der Vorstellung die Ergebnisse ihrer Handlungen vorwegnehmen, Konzepte des Machens, Herstellens sind bereits vorhanden. Es liegt eine gewisse Ironie darin, daß Kinder damit theoretisch schon das Konzept des Tötens erwerben können - ohne eine klare Konzeption davon, was „tot" bedeutet. In der Tat ist Töten das einfachere Konzept, wie z.B. dieses Protokoll illustriert:

„Phineas (3 years, 9 months) had not before seen the others cut dead animals up, and was puzzled. He had no clear idea of death and asked several times, 'Why are you killing it?' The other children laughed and assured him ... that it was dead. Presently, he said, 'Is it dead, nearly?'" (Anthony, 1973, nach Lonetto, 1980, S. 37)

In der Tat wird Sterben zum Getötet-Werden, wenn das Konzept des Machens vermittels des Assimilationsvorgangs als Prototyp der Veränderung und Entwicklung fungiert. Der Tod wird auf eine tötende Instanz zurückgeführt, die auch personalisiert werden kann. Allerdings wird umgekehrt auch die unbelebte Natur nach dem Schema des Handelns gedeutet: die Vorstellung kausaler Prozesse ohne ein lebendiges Agens bereitet Schwierigkeiten.[2] Der Wind schlägt die Tür absichtlich zu, Fel-

2 Man sollte die Anforderungen nicht unterschätzen, die diese - uns so selbstverständlich scheinende - Idee an das Denken stellt, vor allem angesichts der vielen Beispiele augenscheinlich zielgerichteter Prozesse in der Natur, z.B.

sen wurden von starken Leuten an ihren Platz gesetzt (Piaget, 1969). Voroperatives Denken wird auf diese Weise zu animistischem Denken. Piaget gibt ein aufschlußreiches Beispiel:

"Noch mit 6;5 sagt sie, als die Tür des Hühnerstalles vom Wind zugeschlagen wird und sie vor Schreck aufschreit: 'Er ist böse, der Wind, er macht uns Angst.' 'Aber nicht absichtlich?' 'Doch absichtlich. Er ist böse, er hat gesagt, daß wir böse wären.' 'Aber weiß der Wind, was er tut?' 'Er weiß, daß er bläst'." (Piaget, 1969b, S. 311).

Entsprechend konstatiert Lonetto, daß in diesem Alter allem ein Eigenleben zugeschrieben wird: „There is no such thing as lifelessness. It is a stage at which animism encloses death." (Lonetto, 1980, S.35). Die tötende Instanz kann personalisiert werden, sie muß es aber nicht, auch Naturvorgänge und Krankheiten kommen als handelnde Todesursachen in Frage. Entgegen dem ersten Anschein führt daher die animistische Sichtweise des Sterbens als Getötet-Werden nicht unbedingt dazu, daß voroperative Kinder andere Todesursachen sehen - sie deuten sie nur grundsätzlich anders, allerdings mit einer bedeutsamen Ausnahme: der Tod als natürliches Ende des Alternsprozesses sollte auf diesem Stadium nicht verstanden werden. Lonetto nennt als Beispiele von Todesursachen, die von Kindern dieses Alters genannt werden, unter anderem „schwarze Monstren" (S.63), und aus einem ausführlich protokollierten Interview mit Jennifer, einem fünfjährigen Mädchen

---

im tierischen Verhalten. Sowohl Aristoteles (Phys., II) als auch die englische "natural theology" des 18. und 19. Jahrhunderts zogen daraus den Schluß, daß die Natur *insgesamt* zielgerichtet sei.

Schußwaffen (guns), Krankheiten, bei Tieren noch „Grippe (flu)" und Gift (S. 64ff.).[3] In diesem Fall findet sich eine vage Kenntnis davon, daß alte Menschen sterben, aber kein klares Konzept vom Altern als der Ursache des Todes. Das Thema wird an zwei Stellen des Interviews angesprochen:

„I: Why do you think people get old?

J: When they grow up they get to be older I think ....

I: And what happens to these people as they're growing old?

J: Well, I think in my dreams, things happen to them and they get old.

I: And then what happens?

J: They turn into a cat and chase dumbos away.

...

I: When do you think you're going to die?

---

3 Die Erwähnung von Schußwaffen in dieser Unterhaltung ist höchst aufschlußreich. Jennifer spricht das Thema mehrfach an, erzählt auch, daß sie davon träumt; offensichtlich ist sie davon sehr beeindruckt. Gute Menschen und Tiere, sagt sie, kommen in den Himmel, schlechte Menschen kommen auch in den Himmel und werden dort erschossen: "...bad people can only go to heaven to get shot from guns." Auf die Frage, woher sie diese Ideen habe, sagt Jennifer: "Oh, because I see guns on TV and people shooting guns at people on TV with guns ... last year, and Mr. Dress-Up is my favorite show." (Lonetto, 1980, S.69) Die Diskussion um Mediengewalt hat sich weitgehend auf eine mögliche Erhöhung der Aggressionsbereitschaft konzentriert. Darüber wird möglicherweise eine andere Wirkung unterschätzt: Kinder erfahren auf diese Weise Waffengewalt als - wenn auch beunruhigende - Normalität.

J: Oh, I think when I´m done living.
I: And when do you think that will be?
J: Oh, a long time before I want to come back here.
I: Are you going to be old when you die?
J: Oh, I think maybe about fourteen or fifteen, or twenty." (Lonetto, 1980, S. 64ff.)

Der Tod tritt hier offenkundig als Tötung auf, Menschen sterben durch Gewalt oder durch Krankheiten, nicht als Ergebnis eines natürlichen Alterungsprozesses. Auch diese Vorstellung hat ihre Entsprechungen in der Erwachsenenwelt. In anthropologischen Arbeiten wird die Auffassung vertreten, daß im „primitiven" Denken der Tod in jedem Falle Mord sei (z.B. Lévi-Strauss, 1968; vgl. zusammenfassend Fuchs, 1969, Kap. 2). Aber auch dem Christentum und der abendländischen Kunst sind animistische Vorstellungen niemals fremd gewesen, wie beispielsweise Dürers Bild des Todes als einer der vier apokalyptischen Reiter in der Offenbarung des Johannes veranschaulicht (Abb. 3) oder, in neuerer Zeit, Böcklin´s Gemälde „die Pest". Erwachsene können auf animistische Vorstellungen zurückgreifen, z.B. im religiösen Kontext, der Humanist Dürer oder der Romantiker Böcklin können nach Belieben den Tod oder die Pest als Personen heraufbeschwören - Kinder auf der voroperationalen Entwicklungsstufe sind an diese Denkweise gebunden.

Kennzeichnend für das Stadium des voroperativ-anschaulichen Denkens ist demnach, daß dem Kind Objektpermanenz und das Konzept des „Machens" verfügbar sind, daß es aber an die egozentrische Perspektive des zielgerichtet Handelnden gebunden bleibt und sich eine Ursächlichkeit ohne ein handelndes Wesen nicht vorzustellen vermag. Aus dieser Assimilation aller

Veränderungen an das Konzept des Machens ergibt sich eine animistische Denkweise, Veränderung impliziert gewissermaßen Leben. Es ist unvermeidlich, daß der Unterschied zwischen „lebend", „tot" und „unbelebt" verschwimmt; ein reifes Verständnis von „tot" ist noch nicht gegeben. Auf diesem Stadium scheint dem Kind noch keine der zentralen Komponenten der Vorstellung eines natürlichen Todes wirklich verständlich zu sein. Ohne einen klaren konzeptuellen Unterschied zwischen „lebend" und „tot" ist das endgültige Ende aller Lebensfunktionen (Finalität, „nonfunctionality") schlechterdings undenkbar. Auch der Erwerb der Universalität des Todes ist nur unvollständig möglich, solange das Kind an seine eigene Perspektive gebunden ist: die eigene Nichtexistenz und die Welt ohne die eigene Person ist aus egozentrischer Sicht kaum vorstellbar. Dieselbe Einschränkung steht auch der Vorstellung vom Altern als Ursache des Todes entgegen - der Tod bleibt etwas „Gemachtes". Was das Kind dagegen unter diesen Voraussetzungen verstehen kann, ist die Handlung des Tötens und der Tod als Getötet-Werden - auch ohne zu verstehen, was dabei mit der Person geschieht.

Konkret-operatorisches und formal-operatorisches Denken

Das konkret-operatorische Denken, das nach Piaget in der Altersspanne von fünf bis sechs Jahren beginnt und bis zum Anfang des Jugendalters vorherrscht, erweitert die kognitiven Möglichkeiten des Kindes erheblich. Die Grundschuljahre sind eine Periode intensiven, interaktiven kognitiven Wachstums (vgl. Piaget, 1952). Das Kind beginnt, sich aus den Fesseln der egozentrischen Perspektive zu lösen. Die Fähigkeit zur Bildung mit Klassifikationssystemen mit Unter- und

Abbildung 3. Der Tod als Reiter in der Apokalypse. Ausschnitt aus einem Holzschnitt von Dürer (aus Dürer, 1988 S. 1499).

Oberklassen wird erworben, Quantifikatoren wie „einige", „manche", „alle" werden allmählich verstanden. Damit wird z.B. syllogistisches Schließen möglich. Der operationale Zahlbegriff wird entwickelt, ebenso bildet sich ein Konzept von Verursachung heraus, das nicht mehr an das Modell des Machens gebunden ist.

Damit entfallen die wesentlichen Schranken, die dem voroperatorischen Kind ein Verständnis des Todesbegriffs verstellten. Die Unterscheidung zwischen Lebendem, Totem und Unbelebtem wird möglich; Verursachung wird nicht mehr ausschließlich als absichtliches „Machen" verstanden, somit entfällt auch nach und nach die Bindung des Kindes an animistische Denkformen. Allerdings bleibt das Kind, wie die Bezeichnung „konkret-operatorisch" besagt, noch auf den Umgang mit gegebener Information beschränkt; die Abstraktion, das Extrapolieren über die Gegebenheiten hinaus, ist erst ein Kennzeichen des nachfolgenden Stadiums formal-operatorischen Denkens.

Wir können also erwarten, daß mit dem Übergang vom voroperatorischen zum konkret-operatorischen Denken sich der Todesbegriff des Kindes in seiner Bedeutung grundsätzlich wandelt. Die Kinder können sich folglich vom animistischen Weltbild lösen und lernen, zwischen Lebendigem, Totem und der unbelebten Umwelt zu unterscheiden. Damit wird es auch möglich, zwischen Sterben und Getötet-werden zu trennen.

Was bleibt auf der konkret-operatorischen Ebene unverständlich? Nimmt man die Unterscheidung zwischen konkretem und formal-abstraktem Denken ernst, so sollte die Konzeption des „natürlichen Todes" dem konkret-operatorisch denkenden Kind in genau den Aspekten fremd bleiben, in denen der Schritt in die Abstraktion unvermeidlich wird. Dies betrifft die Universalität nur, wenn man sie als abstrakte Gesetzmäßigkeiten versteht. Daß jeder bestimmte Mensch, nach dem gefragt wird, einmal sterben wird, ist auf konkret-operatorischem Niveau durchaus verständlich.

Anders verhält es sich mit der Vorstellung vom „natürlichen" Altern und Sterben, in der als Todesursache kein konkretes Ereignis (etwa eine Erkrankung) als Ursache auftritt, sondern die abstrakte Variable der Zeit. Auch der Tod als das Aufhören aller Lebensprozesse ist konkret kaum vorstellbar, weil dieser Gedanke keine konkrete Vorstellung beinhaltet, sondern die bloße Negation, das „Nicht". Und schließlich würden wir erwarten, daß speziell die Vorstellung des eigenen „natürlichen Todes" noch nicht wirklich ins Bewußtsein treten kann, denn hier wäre nicht nur allgemein das Nichts zu denken, sondern - gegen jede konkrete Erfahrung - die eigene Nichtexistenz. Diese Aspekte müssen, theoretisch gesehen, als Abstraktionen dem konkreten Denken verschlossen bleiben. Auch wenn wir schließlich die Abstraktion bewältigen, bleiben sie zunächst eigentümlich inhaltsleer, eben weil ihnen die konkrete Referenz fehlt.

Erst im bewußten Altern wird sich nach Ansicht von Améry (1987) diese Konkretisierung einstellen - es braucht dann nur mehr die Erfahrung des eigenen Alterns, der eigenen Vergänglichkeit in die Zukunft extrapoliert werden. Es mag sein, daß er recht hat, wenn er vom „Todesvirus" sagt:

„Er war nicht virulent, als wir jung waren. Wir wußten wohl von ihm, aber er ging uns nichts an. Mit dem Altern tritt er heraus aus seiner Latenz. Er ist unsere Sache, unsere einzige, auch wenn er nichts ist..." (Améry, 1987, S.148)

Vergleicht man die Stufenfolge Piagets mit der Entwicklung des Todeskonzepts nach Gesell und Ilg (1946), so liegt der Schwerpunkt des Interesses beider Autoren auf unterschiedlichen Aspekten des Todes und auf unterschiedlichen Altersstufen. Piaget konzentriert sich auf die Entwicklung des kindlichen Denkens, während die markantesten Zäsuren in der von Gesell und Ilg beschriebenen Stufenfolge durch Veränderungen in der emotionalen Reaktion auf das Todesthema markiert werden.

Piaget differenziert umso genauer, je jünger das Kind ist. Die präziseste Beschreibung erhalten wir über das sensumotorische Entwicklungsstadium (das für die hier behandelte Thematik eher randständig ist), während der Übergang von den konkreten zu den formalen Operationen empirisch nur schwer abgrenzbar ist und auch vom zeitlichen Verlauf her interindividuell stark variieren dürfte. Demgegenüber bleiben Gesell und Ilg auf den frühen Altersstufen eher summarisch und differenzieren am stärksten im Bereich von sieben Jahren bis in die Pubertät, wobei gegenüber der detaillierten Stufenfolge aufgrund der unsystematischen empirischen Basis starke Vorbehalte angebracht sind. Ob die Entwicklung in allen Fällen gerade diesen Stufen zu den genannten Zeitpunkten folgt, und zu dem von Gesell und Ilg genannten Ergebnis führt, ist fraglich - zumal die konkreten Auffassungen der sozialen Umwelt hier eine größere Rolle spielen als in der frühen Kindheit.

Die Beobachtungen von Gesell und Ilg und die Implikationen der Stufenlehre Piagets stimmen dahingehend überein, daß die wichtigsten Teilkonzepte, mit Ausnahme der „nonfunctionality", in der Zeit bis zum fünften bis sechsten Lebensjahr erworben werden, zusammen mit dem Übergang vom voroperatorischen Denken zum Denken in konkreten Operationen. Aus den Beobachtungen von Gesell und Ilg ergibt sich darüber hinaus die interessante Hypothese, daß Besorgnis und Angst, bezogen auf den Tod nahestehender Personen, mit einer gewissen Verzögerung dem Übergang zum Denken in konkreten Operationen folgt, also ein Stadium kennzeichnen, in dem das Kind diesen Denkstil sicher etabliert hat. Eine zweite Phase starker Beunruhigung, diesmal auf die eigene Endlichkeit bezogen, scheint ebenso verzögert dem Übergang zum „erwachsenen", formal-operatorischen Denken zu folgen. Unabhängig davon, ob sich dies im Einzelnen bestätigt, ist der grundsätzliche Hinweis von Gesell und Ilg bedeutsam, daß die Entwicklung des intellektuellen Verständnisses des Todeskonzepts von der Entwicklung der emotionalen Reaktion auf den Tod jedenfalls unterschieden werden muß, auch wenn zwischen beiden Aspekten ein Zusammenhang besteht.

B 1.2 Angst, Trauer und emotionale Auseinandersetzung mit dem Tod

Die Entwicklung der emotionalen Reaktion auf fremden und eigenen Tod ist bislang kaum empirisch untersucht worden; die wenigen vorliegenden Ergebnisse beschränken sich auf die Entwicklung von Todesangst. Wittkowski merkt dazu kritisch an, es sei „nicht einzusehen, daß andere Emotionen als Angst (z.B. Depression, Ärger) von vornherein von der Erforschung des kindlichen Todeskonzepts vollkommen ausgeschlossen wurden." (Wittkowski, 1990, S. 75). Die spärlichen vorliegenden Ergebnisse - durchweg Querschnittsuntersuchungen - ergeben auf den ersten Blick kein sonderlich kohärentes Bild, scheinen jedoch den von Gesell und Ilg postulierten Entwicklungsablauf mit zwei verschiedenen Perioden emotionaler Reagibilität auf todbezogene Themen zumindest teilweise zu stützen. Eine genauere Lokalisierung der Phasen wird allerdings durch die unterschiedliche Zusammenfassung der Probanden zu Altersgruppen in verschiedenen Untersuchungen erschwert.

Für die Altersgruppe von 3-4 Jahren wird eine geringe Reaktion berichtet (Halpern & Palic, 1984), für die Gruppen 5 bis 8 Jahre (Alexander & Adlerstein, 1958) bzw. 7-8 Jahre eine erhöhte (Alexander & Adlerstein, 1958; Halpern & Palic, 1984), für die Altersgruppen 8 bis 12 Jahre (Alexander & Adlerstein, 1958, Wittkowski & Schnell, 1981) wieder eine niedrige, aber für 10 - 11 Jahre (Halpern & Palic, 1984) und für 14 - 16 Jahre, bzw. 14 Jahre (Alexander & Adlerstein, 1958, Wittkowski & Schnell, 1981) eine hohe - dies wäre konsistent mit einer ersten emotionalen Reaktion zwischen fünf und acht Jahren, und einer zweiten emotionalen Phase irgendwann nach dem zehnten Lebensjahr.

Die Situation wird noch etwas komplexer, wenn wir interindividuelle Unterschiede im Entwicklungstempo berücksichtigen. Orbach et al. (1986) untersuchten den Zusammenhang zwischen Angstniveau, intellektueller Leistungsfähigkeit, und der Reife des Todeskonzepts bei Schülern der ersten, dritten und fünften Klassenstufe. Sie finden ein komplexes Interaktionsmuster: bei den 6-7jährigen und die 10-11jährigen mit hoher intellektueller Leistungsfähigkeit zeigen die wenig ängstlichen Kinder das deutlich reifere Todeskonzept; die hoch ängstlichen unterscheiden sich nicht wesentlich von den Kindern mit niedriger Leistungsfähigkeit. Bei den 8-9jährigen findet sich dieser Effekt nicht. Bei den Kindern mit niedriger kognitiver Leistungsfähigkeit zeigen die wenig ängstlichen in der Altersstufe von 8-9 Jahren das reifere Todeskonzept.

Angesichts dieser lückenhaften und komplexen Datenlage ist sicherlich Wittkowski (1990) recht zu geben, daß ein bündiges Fazit zur Entwicklung emotionaler Aspekte nicht möglich ist. Immerhin ließe sich spekulieren, daß auch bei Orbach et al. (1986) die Altersstufen von 6-7 Jahren sowie von 10-11 Jahren kritische Perioden für die Entwicklung der emotionalen Reaktion auf den Tod darstellen - allerdings müßte man unterstellen, daß sich bei intellektuell weniger leistungsfähigen Kindern diese Entwicklung zeitlich verzögert, und daß das Festhalten an einem „unreifen" Todeskonzept (z.B. der Glaube, daß ein Toter wieder lebendig werden kann) auch der Angstabwehr dienen kann. Die vorhandenen Daten stehen der Gültigkeit der Gesell und Ilg (1946) entlehnten Hypothesen zur Entwicklung der emotionalen Aspekte des Todeskonzeptes demnach sicherlich nicht entgegen, sie sind freilich auch nicht geeignet, sie empirisch zu untermauern.

Indirekte Informationen über die emotionale Seite des Todeskonzepts können noch aus der Untersuchung kindlicher Trauerreaktionen abgeleitet werden. Nach Ansicht von Iskenius-Emmler (1988, S. 125; vgl. auch Spiecker-Verscharen, 1982) besteht Übereinstimmung darin, daß ohne das Erreichen eines bestimmten kognitiven Entwicklungsstandes keine erfolgreiche Trauerarbeit möglich ist. Auch Furman merkt an:

„The indispensable first step of the mourning processes is the individual´s awareness, comprehension, and acknowledgement of the death of his loved one."
Furman (1974, S.50)

Bei Kindern, die noch kein ausreichend „reifes" Todeskonzept aufweisen, sollte demnach die Reaktion auf Verlusterfahrungen Gemeinsamkeiten mit der „pathologischen Trauer" - dem Mißlingen der Trauerarbeit - bei Erwachsenen aufweisen. Spiegel (1973) beschreibt die Kennzeichen gestörter Trauer so:

„... Abwehr jeder äußeren Hilfe, anhaltender Apathie, Isolation und Abbruch aller Kommunikation, anhaltenden Wahrnehmungsstörungen wie Halluzinationen, Auditionen und Präsenzgefühlen, ohne daß diese unbedingt auf den Toten bezogen sind, andauernder Derealisation und Depersonalisation, Leugnung des Todes und affektiver Meidung von allem, was an ihn erinnert, Überaktivität und zwanghafter Fröhlichkeit, starken Beschuldigungen gegen die Umwelt und gegen sich selbst sowie paranoiden Ängsten und Sprechen von Selbstmord, intensivem Verharren in den Erinnerungen, anhaltender Schlaflosigkeit, aggressiven und destruktiven Träumen sowie einer generellen oder spezifischen Verschlechterung des Gesundheitszustandes und des allgemeinen Befindens..." (Spiegel, 1973, S. 84.)

Bowlby (1983) zählt sowohl chronisch andauernde Trauer (die Unfähigkeit, die „Symbiose" mit dem Toten aufzugeben) als auch das dauerhafte Fehlen bewußten Kummers bei erhöhter Labilität und Anfälligkeit für psychische Erkrankungen zu den Folgen gestörter Trauer; in beiden Fällen wird nach seiner Auffassung - nicht unbedingt bewußt - der Verlust gewissermaßen für reversibel gehalten. Beispiele für beide Symptomgruppen finden sich in Furmans (1974) Fallberichten über trauernde Kinder. Eine Fortdauer der Symbiose zeigt sich z.B. bei „Kathy":

„Kathy was three years ten months old when her father died suddenly. She had always been especially fond of him and he had openly favored her over her older and younger brothers ... From the time of her father's death Kathy remained closely attached to her memories of him. She recounted over and over her experiences with him and imagined how nice he would be with her if he were alive. She never ceased to long for him with deep sadness and he remained her most important oedipal object... When she was six years old, her resolution of the Oedipus complex was accompanied by an appropriate decathexis of the object representation of the father and by a completion of her mourning." (Furman, 1974, S.53)

„Seth" dagegen repräsentiert eher die zweite Reaktionsweise:

„Seth was four years old when his mother died and his kindly grandparents assumed his care... He warded off his thoughts and feelings about his mother with an overall restriction of ego functions. He conformed to educational demands but lost all spontaneity, showing no affects or active interests. Under the impact of new stress in his sixth year, Seth's defenses gave way and he developed serious symptoms." (Furman, 1974, S.66)

Ab wann ist nach der Literatur über kindliche Trauerreaktionen ein angemessenes Todesverständnis und eine erfolgreiche Trauerarbeit möglich? Furman ist der Auffassung, daß zumindest die Objektkonstanz entwickelt sein muß, damit Trauer stattfinden kann. Für die Zeit von zwei Jahren bis zum Beginn der Latenzzeit kann nach ihren Angaben nur mit Hilfe von Erwachsenen ein angemessenes Todeskonzept (das z.B. besagt, daß Tote nicht wiederkommen) aufrechterhalten werden; in der Latenzperiode hat das Kind eine ausreichende Eigenständigkeit erreicht - kann jedoch noch verwirrt werden: „...it is extremely difficult for them to rely on their own reality testing when their most important love objects contradict them either consciously or unconsciously" (Furman, 1974, S. 52). Auch emotional kann nach dieser Ansicht die notwendige Ablösung von der verstorbenen Bezugsperson erst mit Beginn der Latenzperiode stattfinden. Frühere Verlusterfahrungen berühren Kinder stark und können bleibende psychische Schäden hinterlassen; es ist bekannt, daß solche Erfahrungen u.a. das spätere Suizidrisiko erhöhen (Kleemann, 1981; Otto, 1983; Bron, 1991). Eine Beschleunigung der Entwicklung eines reifen Todeskonzepts durch solche Erlebnisse ist bislang nicht (Jenkins & Cavanaugh, 1986) oder nur sehr schwach ausgeprägt (Zobl, 1984) beobachtet worden, während umgekehrt Übereinstimmung darüber besteht, daß Form und Verlauf der Trauer abhängig vom kognitiven Entwicklungsstand des Kindes sind (vgl. Furman, 1974; Bowlby, 1983; Iskenius-Emmler, 1988).

Auf der Grundlage von Einzelbeobachtungen ist eine deutlich frühere Ausbildung eines „reifen" Todeskonzeptes reklamiert worden als in entwicklungspsychologischen Arbeiten und in Berichten über trauernde Kinder, nicht zuletzt im Hinblick auf emotionale Reaktionen von Kindern auf todbezogene Themen. Als charakteristisches Beispiel mögen die Beobachtungen dienen, die Knapp (1987) mitteilt, zusammen mit seinem Kommentar.

„Alter: 2;9-2; 1 1 Jahre...

Kognitiv-emotionale Verarbeitung des Erlebens der Irreversibilität des Todes und der persönlichen emotionalen Betroffenheit durch den Tod.

Fragen: Papa, fahren wir heute wieder zum Steinmann ins Münster? Zeigst du mir nochmal das Fotoalbum? [mit dem Bild vom tödlichen Autounfall der Großeltern, G.R.] Hebst du mich nochmal hoch, damit ich den toten Jesus besser sehen kann? Darf ich auch nochmal an seine Wunden greifen?
Kommentar: Im Zentrum stehen hier die konkrete Anschauung von toten Figuren oder Bildern Verstorbener, die längerdauernde, selbstgesteuerte visuell-emotionale Konfrontation mit faßbaren Gegenständen (z. B. Christus am Kreuz, liegende Steinfiguren, Fotos) trotz Anzeichen leichter Erregung und Ängstlichkeit und schließlich das x-mal wiederholte Nachprüfen des Todeszustandes (Irreversibilität), d.h. die verstorbene Person, den Steinmann etc. immer wieder aufsuchen (mit einer vertrauten Person an der Hand) und zumindest kurz nachprüfen und betasten, ob er immer noch tot ist...
Alter: 2; 1 1-3 Jahre
Ichbezug (der unter I-IV vorverarbeiteten Thematik)
Fragen: Papa, wenn ich mir mit dem Messer in den Finger schneide, bin ich dann tot? Wenn ich die Treppen runterfalle, bin ich dann tot? Wenn ich tot bin, weinst du dann ganz, ganz arg? Komm' ich, wenn ich tot bin, auch auf den Friedhof? Mein lieber Papa, wenn du mal tot bist, dann weine ich ganz, ganz arg!
Kommentar: Der Bezug des Todes auf sie selbst, also die eigene Sterblichkeit scheint zwar durch die vorausgegangenen Phasen von langer Hand angebahnt zu werden, kommt aber erst hier so richtig durch. Diese Erfahrung ist für Anja offenbar so gewaltig, daß sie in zahlreichen Rollenspielen mit ihren Puppen ihren eigenen Tod und deren Sterben immer wieder durchspielen muß. Dabei achtet sie genau darauf, nichts zu vergessen, was

an notwendigen Bedingungen beim Sterben erfüllt sein muß.
Vergißt sie etwas Wichtiges, so fängt sie nochmal von vorne an. Sie hört erst dann auf, wenn sie genügend Ordnung in den Ablauf dieser ungeheuer schwierigen Thematik gebracht hat." (Knapp, 1987, S.310)

Dieses Beispiel verdeutlicht, wie die von Habermas und Rosemeier (1991, S.271) konstatierten Unterschiede zwischen den Ergebnissen entwicklungspsychologischer Studien und klinischen Beobachtungen zustande kommen können. Unbestreitbar sieht sich dieses Kind mit der eigenen Sterblichkeit konfrontiert und reagiert darauf emotional - etwas, das nach Gesell und Ilg erst in der Pubertät zu erwarten wäre.

Die Fragen des Kindes belegen aber keineswegs den Erwerb eines reifen Todeskonzeptes, eher im Gegenteil. In der Auseinandersetzung mit dem „Steinmann" und dem Gekreuzigten findet sich die Unsicherheit über die Lebendigkeit unbelebter Objekte, die Berzonsky (1987) noch bei fünfjährigen Kindern feststellt - hier besonders plausibel, weil es sich um Menschenbilder handelt. Zudem ist sich das Mädchen der Irreversibilität des Todes keineswegs sicher - warum sonst sollte sie sich vergewissern, ob die Jesusfigur „noch tot" sei?[4] Ebenso sind die Fragen nach Todesursachen und die emotionale Betroffenheit sehr wohl vereinbar mit einer intuitiven

4 Diese Verwirrung von „unbelebt" und „tot" ist im „Olympia"-Akt von Offenbachs „Hoffmann´s Erzählungen" dramatisch gestaltet. Der durch die Zauberbrille getäuschte Hoffmann, verliebt in die Puppe Olympia, hört von seinem Gefährten Niklaus: „Wenn du wüßtest, was man von deiner Schönen erzählt! ... Daß sie tot ist ... oder nie gelebt hat!" (Les Contes d´Hoffmann, 2. Akt, Finale)

Todesvorstellung, die den Tod vor allem als ein Fortgehen, als Trennung interpretiert, aber nicht unbedingt als Verlöschen allerer Lebensfunktionen. Bei den Fragen nach den Todesursachen fällt schließlich auf, daß Tod nur als „Getötet-werden" in Betracht gezogen wird, nicht als natürliches Lebensende.

Berichte wie dieser stehen demnach keineswegs in Widerspruch zu entwicklungspsychologischen Ergebnissen, die für einen erheblich späteres Erlernen der Vorstellung vom natürlichen Tod und des Bewußtseins eigener Sterblichkeit sprechen. In der Trauerarbeit ist das kognitive Verständnis der Irreversibilität des Todes Voraussetzung dafür, daß das Kind zur emotionalen Ablösung vom Verstorbenen, der „Dekathexis" fähig wird.

Diese Entwicklung wird, zusammen mit der Beunruhigung über den möglichen Tod der primären Bezugsperson(Gesell & Ilg, 1946) und der Entwicklung vegetativer Reaktionen auf todbezogene Themen (Alexander & Adlerstein, 1958; Halpern & Palic, 1984) übereinstimmend der Altersstufe zwischen fünf und sechs Jahren zugeschrieben - dem Beginn der Latenzperiode aus psychoanalytischer Sicht und der Stufe des konkret-operativen Denkens nach Piaget. Daß auch jüngere Kinder auf die Konfrontation mit dem Tod - bei Knapp (1987) in der Konfrontation mit dem Foto vom tödlichen Autounfall der Großeltern - reagieren können, ist unstrittig. Es hat aber nicht den Anschein, daß der Tod so interpretiert wird wie beim älteren Kind, das sich der Irreversibilität und der Unvermeidbarkeit des Todes bewußt geworden ist.

B 1.3 Neuere empirische Untersuchungen

Wie bereits angedeutet, ergeben die vorliegenden Untersuchungen kein einheitliches Bild, zudem lassen sie sich nur unvollkommen vergleichen. In einem umfassenden Sammelreferat haben Speece und Brent (1984) die bis dahin bekannten 40 Untersuchungen zur Entwicklung des Todeskonzepts zusammengefaßt. Sie kommen in der Zusammenfassung zu keiner klaren Aussage über die Reihenfolge, in der die von ihnen berücksichtigten Aspekte des Todeskonzepts erworben werden: Irreversibilität, „nonfunctionality" und Universalität scheinen gemeinsam in der Zeit zwischen dem fünften und siebten Lebensjahr erworben zu werden.

Speece und Brent (1984) kommen anhand ihrer Übersicht zu dem Schluß, daß die Mehrheit der Kinder zu einem gewissen Verständnis dieser Komponenten gelangt- in der Altersspanne zwischen fünf und sieben Jahren werden sie in der Regel verstanden. Sie weisen jedoch auch auf die Problematik dieser Ergebniskonstellation hin:Konzepte, die nach Meinung einiger Autoren bereits mit weniger als drei Jahren verstanden werden, werden nach Meinung anderer erst im Alter von acht Jahren oder mehr erfaßt. Speece & Brent machen - sicherlich zu recht - auf die großen methodischen Differenzen zwischen den von ihnen berücksichtigten Untersuchungen und auf deren unterschiedliche Validität aufmerksam. Auch die von Ihnen zitierten Studien, in denen versucht wurde, die Entwicklung des Todeskonzepts mit den Stadien der geistigen Entwicklung nach Piaget in Verbindung zu bringen, liefern unscharfe und widersprüchliche Ergebnisse.

Tabelle 3. Lebensalter beim Erwerb von drei Komponenten des Todeskonzepts.

Alter	*Irreversibilität*	*Nonfunktionalität*	*Universalität*
4 or younger	*Kane Nagy*	*Peck Swain*	*Peck Weininger*
5-7	*Beauchamp Blum Gartley & Bernasconi Gesell & Ilg Hansen Kornblum Kalmbach Koocher McIntire et al. Melear Saßer Schilder & Wechsler Steiner Swain*	*Boldue Gartley & Bernasconi Hansen Hornblum Kalmbach Kane Lonetto Mclntire et al. Schilder & Wechsler Steiner Zweig*	*Beauchamp Blum Caustin Childers & Wimmer Gartley & Bernasconi Hansen Hornblum Kalmbach Kane Koocher Lonetto Robinson Steiner Swain White et al. Zweig*
8 or older	*Anthony Boldue Childers & Wimmer Wass et al. Wass & Towry Weininger White et al. Zweig*	*Anthony Gesell & Ilg Nagy Orbach & Glaubman (1979) White et al.*	*Boldue Gesell & Ilg Nagy Safier Schilder & Wechsler*

Anm.: nach Speece & Brent (1984, S.1678)

Wittkowski (1990) hat den Überblick von Speece und Brent fortgeführt und ergänzt, wobei in seiner Darstellung zusätzlich die Komponente der Kausalität (Verständnis von Todesursachen) berücksichtigt wird (Tabelle 4). Bei näherer Betrachtung der zusammenfassenden Tabelle fällt zunächst ins Auge, daß sich die verschiedenen Komponenten des reifen Todeskonzeptes anscheinend doch unterscheiden; Irreversibilität und Universalität[5] scheinen doch eher zugänglich zu sein als die Vorstellung vom Ende aller Lebensfunktionen und das Verständnis der Todesursachen. Wittkowski (1990, S. 56ff.) verweist darauf, daß in den meisten Studien ein deutlicher Alterseffekt gefunden wurde, nach seiner Ansicht besagen die Daten, daß die meisten Kinder zwischen drei und fünf Jahren noch kein Verständnis des reifen Todeskonzeptes einschließlich seiner Subkonzepte haben; statt dessen finden sich typische Vorformen. Der Annahme der Universalität kann z.B. die Erwartung vorausgehen, man könne sich vor dem Tod verstecken, oder daß bestimmte Personen nicht vom Tod betroffen seien. Wittkowski sieht ferner als gesichert an, daß die meisten Kinder im Alter von etwa drei bis fünf Jahren zunächst verstehen, daß einige Menschen sterben müssen und erst später erfassen, daß auch sie selbst davon betroffen *sind*. Dem Verständnis der Irreversibilität geht die Vorstellung vom Tod als vorübergehendem Zustand, als Schlaf oder Reise voraus. Auch die Heilbarkeit des Todes kann angenommen werden, wie in diesen Beispielen von Lonetto (1980, S.63):

Michelle, aged 4: „Dead people can't hear or yell or walk. Dead people have their arms and legs out, they can't move ... must go to hospital and get better."

---

5 Das grundsätzliche Akzeptieren der Universalität bedeutet natürlich nicht unbedingt, daß auch die Konsequenz der eigenen Sterblichkeit bereits gezogen wird und noch weniger, daß diese Konsequenz einen subjektiven Realitätsgrad aufweist, der emotionale Reaktionen auslöst.

Jody, aged 4: „... can get dead from black monsters ... they hurt people.... People go to doctors when they die. He gives them a needle because they're dead ... then they have supper ... you use your car to get home from the doctor's.... Oh yeah, bad guys shoot people."

Billy, aged 4: „Death man is old and scary .... Ambulance takes dead people to the doctor's and he fixes them up better.... dead people can feel."

Das Verständnis von Universalität, Irreversibilität, Nonfunktionalität und Kausalität würde in der Altersspanne zwischen sechs und acht Jahren - in der Regel etwa mit sieben Jahren - erreicht; mit neun Jahren verfügten die meisten Kinder über ein „richtiges" Todeskonzept. Wittkowski (1990) weist darauf hin, daß die Entwicklung des Todeskonzeptes mit dem Verlauf der kognitiven Entwicklung nach Piaget in Einklang steht. Auch dieses Fazit kann freilich nur als vorläufig gelten.

Speece und Brent (1984) fanden lediglich fünf Untersuchungen, in denen mit Hilfe von Piagets Erhaltungsaufgaben zwischen präoperationalen und konkret-operationalen Kindern getrennt wurde. Die Resultate sind durchweg widersprüchlich: Irreversibilität, Nonfunktionalität und Universalität werden teils berichtet als vom überwiegenden Teil der präoperationalen Kinder verstanden, teils als vom überwiegenden Teil der konkret-operationalen Kinder nicht verstanden, und in der einen Studie (Hornblum, 1978), die den Effekt des Lebensalters aus den Ergebnissen herauspartialisierte, konnte kein davon unabhängiger Entwicklungseffekt ge funden werden. Zu den Schwierigkeiten, die sich in solch inkonsistenten Ergebnissen manifestieren, zählen

Tabelle 4. In welchem Alter wird das Verstaendnis von vier Komponenten des Todeskonzept rben?

Studie	Alter (Jahre)	N	Universalitaet	Irreversibilitaet	Nonfunktional	Kausalitaet
ATWOOD (1984)	5 bis 12	188	5 + 6j.; 53 % 8 + 9j.; 77 % 11 + 12j.; 99 %	5 + 6j.; 76 % 8+9j.; 70% 11 + 12j.; 67 %		5 + 6j.; 40 % 8+9j.; 50% 11 + 12j.; 47 %
CANDY-GIBBS et al. (1984-1985)	5 bis 9	114	5j.; 84% 6 + 7j.; 100 % 8 + 9j.; 100 %			
FLORIAN (1985)	4 bis 6	111	4j.; MW=5,97 5j.; MW=8,02 6j.; MW=10,9	4j.; MW=3,73 5j.; MW=4,92 6j.; MW=5,54		4j.; MW=1,67 5j.; MW=2,45 6j.; MW=2,74
HOFFMAN & STRAUSS (1985)	3 bis 7	75	3j.; MW=0,93 4j.; MW=1,0 5j.; MW=1,0 6j.; MW=1,0 7j.; MW=1,0	3j.; MW=0,46ab 4j.; MW=0,73 5j.; MW=1,0 6j.; MW=1,0 7j.; MW=1,0	3j.; MW=0,13a 4j.; MW=0,53 5j.; MW=0,86 6j.; MW=1,0 7j.; MW=1,0	3j.; MW=0,26 4j.; MW=0,66 5j.; MW=0,93 6j.; MW=0,86 7j.; MW=1,0
LANDSDOWN & BENJAMIN (1985)	5 bis 9	105	5j.; ca. 60% 8 + 9j.; ca.90%	5j.; ca. 60% 8 + 9j.; ca.90%	5j.; ca. 60% 8 + 9j.; ca.90%	5j.; ca. 60% 8 + 9j.; ca.90%
ORBACH et al. (1986)	6 bis 11	107	6 + 7j.; MW=2,3bc 8 + 9j.; MW=2,9	6 + 7j.; MW=2,6bc 8 + 9j.; MW=2,8 10 + 11j.; MW=2,7		6 + 7j.; MW=1,1bc 8 + 9j.; MW=1,2 10 + 11j.; MW=1,7
REILLY et al. (1983)	5 bis 10	60	5j.; 50% 6j.; 73% 7j.; 82% 8-10j.; 100%			

Anmerkungen: [a] Variationsweite: 0-1; [b] Bezieht sich nur auf Menschen; [c] Variationsbreite 0-3

MW = Mittelwert

Quelle: Wittkowski, 199

Speece und Brent u.a. die allzu vage theoretische Verknüpfung zwischen den von Piaget thematisierten allgemeinen Denkleistungen und den Komponenten des Todeskonzepts, sowie den Umstand, daß individuelle Lernerfahrungen an todbezogenen Themen bei diesem Ansatz vernachlässigt werden. In einer neueren Zusammenfassung zum Thema „Kognitive Entwicklung und Todesbegriff" kommen Habermas und Rosemeier (1991) noch zum gleichen Ergebnis.

Die von Wittkowski übernommene Tabelle deutet auf eine enorme interpersonelle Variation hin. Immerhin hat es den Anschein, daß ein Teil der Vierjährigen - vielleicht sogar der dreijährigen - Kinder aus der Studie von Hoffman & Strauss (1985) bereits das Konzept der Kausalität erworben haben, daß bei Atwood (1984) von der Mehrheit der Elf- und Zwölfjährigen noch nicht erfaßt wird! Nun ist anzunehmen, daß dieser Eindruck trügt, da beide Studien sich auch methodisch stark unterscheiden, aber es bleibt angesichts der hohen Variabilität doch der Eindruck, daß die Dynamik der Entwicklung des Todeskonzepts bei Kindern nicht dadurch abschließend geklärt werden kann, daß das „normale" Alter für den Erwerb der verschiedenen Subkomponenten bestimmt wird.

Die israelischen Gruppen Orbach, Talmon, Keden und Hal-Even (1987), Lazar und Turney-Purta (1991) sowie die Amerikaner Speece und Brent (1992) haben versucht, die Frage der Reihenfolge des Erwerbs verschiedener Komponenten des Todeskonzepts auf der Grundlage der interindividuellen Variabilität in verschiedenen Altersgruppen empirisch zu klären. Orbach et al. (1987) reanalysierten zwei frühere Studien mit insgesamt 65 Kindern der Altersgruppe 6-7 Jahre, 62 8-9jährigen und 70

10-11jährigen Kindern, die neben dem Smilansky Death Questionnaire, bezogen auf den Tod von Menschen und Tieren, die Wechsler Intelligence Scale for Children (WISC-R) erhielten, so daß eine Aufteilung nach Geschlecht, Altersgruppe, kognitiven Fähigkeiten möglich war. Die Sequenz der Unterthemen des Todesbegriffs ist in dieser Untersuchung durch die relative Schwierigkeit der entsprechenden Fragen für die Vpn repräsentiert, die mittels der Guttman-Skalierung des Fragebogens ermittelt wurde. Es ergaben sich leicht unterschiedliche Hierarchien für Menschen und Tiere, aber eine bemerkenswerte Konstanz der Reihenfolge sowohl über die Alters- als auch über die Fähigkeitsgruppen.

Auch Lazar und Turney-Purta (1991) verwendeten das Inventar von Smilansky. Mit diesem Instrument interviewten sie 98 Schülerinnen der ersten (6-7 Jahre) und zweiten (7-8 Jahre) Klassenstufe zweimal im Abstand von sieben Monaten. Die Autorinnen prüften die Passungsgüte (goodness-of-fit) ausgewählter hypothetischer Hierarchien für ihre Daten; aus der Literatur abgeleitete Rangfolgen wurden für menschlichen und tierischen Tod an beiden Meßzeitpunkten geprüft, ferner wurden die aus den Ergebnissen der best passenden Hierarchien für menschlichen und tierischen Tod in die Analyse einbezogen. Auch diese Analyse liefert geringfügig andere Hierarchien für Mensch und Tier. Speece und Brent (1992) verwendeten eine vereinfachte Fassung des Fragebogens (vgl. Tabelle 1)in einer Studie mit 91 Kindern von 5;9 bis 10;2 Jahren; anstelle einer Guttman-Analyse wurde ein probabilistischer Ansatz zur Prüfung der Schwierigkeitssequenzen verwendet. Die in diesen drei Untersuchungen ermittelten Hierarchien sind in Tabelle 5 dargestellt.

Tabelle 5. Relative Schwierigkeit von Subkomponenten des Todeskonzepts in drei neueren Untersuchungen.

Untersuchung:	Speece & Brent, 1992	Lazar & Turney-Purta, 1991 [Menschen]	Lazar & Turney-Purta, 1991 [Tiere]
Vpn:	91	98	
Alter (Jahre):	5;9 - 10;2	6-7, 7-8	
1[a]	Universalität	Unvermeidbarkeit	Irreversibilität
2	Irreversibilität	Irreversibilität	Unvermeidbarkeit
3	Ende aller Lebensfunktionen	Ende aller Lebensfunktionen È Kausalität	Ende aller Lebensfunktionen
4			Kausalität
Untersuchung:	Orbach et al., 1987 [Menschen]	Orbach et al., 1987 [Tiere]	
Vpn:	197		
Alter (Jahre):	6-7, 8-9, 10-11		
1[a]	Alter	Irreversibilität	
2	Irreversibilität	Universalität É Unvermeidbarkeit	
3	Universalität É Unvermeidbarkeit	Ende aller Lebensfunktionen	
4	Ende aller Lebensfunktionen	Alter	
5	Kausalität	Kausalität	

Anmerkung: a) höhere Ziffern = höhere Schwierigkeit.

Entgegen der Annahme von Speece und Brent (1974) und Wittkowski (1990) hat es den Anschein, daß Irreversibilität, Universalität und die „Nonfunktionalität", die Vorstellung vom Ende aller Lebensfunktionen, nicht unbedingt gleichzeitig erworben werden; es zeigt sich konsistent, daß Irreversibilität und Universalität im im Sinne von Unvermeidbarkeit die leichteren Konzepte sind, während die Nonfunktionalität und ein realistisches Verständnis der Todesursachen - d.h. insbesondere, eines, das den Tod als natürliches Lebensende einbezieht - die größten Schwierigkeiten bereiten. Insgesamt stehen diese Ergebnisse im Einklang mit der Erwartung, daß die abstrakten Konzepte der Nonfunktionalität (des endgültigen Endes aller Lebensfunktionen) und das Verständnis der Todes als natürlichen Lebensende erst relativ spät erworben werden. Die leichte Zugänglichkeit des „Alters" bei Orbach et al. (1987) scheint dem zunächst zu widersprechen, es ist aber hier nicht das Alter als Todesursache gemeint, sondern die der Unvermeidbarkeit des Todes parallele Vorstellung: alle Lebewesen werden alt.

Kinder lernen zunächst, daß die Toten nicht zurückkehren und daß alle Lebewesen einmal sterben; erst später wird erfaßt, „was der Tod ist", das abstrakte, kulturell verankerte Konzept des „natürlichen Todes". Speece und Brent (1992) argumentieren zudem daß der Tod erst dann verstanden wird, wenn alle Komponenten (in ihrer Untersuchung sind das Universalität, Irreversibilität und Nonfunktionalität) erfaßt worden sind. Sie fanden, daß jedes dieser Teilkonzepte für sich genommen, jeweils schon von der Mehrheit der jüngsten Befragten, der Kindergartenkinder (ca. 5-6 Jahre), verstanden wurde, aber nur knapp die Hälfte aller Befragten in allen Altersgruppen verstanden alle drei Komponenten zugleich - bei den 8-9jährigen waren es sogar nur 36%. Sie schließen daraus, daß die meisten Kinder erst mit zehn oder mehr Lebensjahren zu einem reifen Todesverständnis gelangen.

Wann verstehen nun Kinder den Tod? In dieser schlichten Form ist die Frage offenbar nicht beantwortbar; es kommt offenbar darauf an, was wir mit „verstehen" meinen. Auch relativ junge Kinder können sich, wie Einzelbeobachtungen zeigen, auf ihre Weise mit Tod und Sterben auseinandersetzen. Aber eben auf ihre Weise, die nicht der Sichtweise des Erwachsenen gleichgesetzt werden darf. Der Erwerb des Todeskonzepts verläuft allmählich, wobei die leichter zugänglichen Komponenten früher erfaßt werden. Allerdings scheint es doch bestimmte Stufen des Verständnisses zu geben, verbunden mit allgemeinen kognitiven Fortschritten wie der Ausbildung der Objektkonstanz, dem Übergang vom präoperatorischen zum konkret-operatorischen Denken und möglicherweise der Entwicklung abstrakter Denkfähigkeiten am Beginn des Jugendalters. Erst dann ist der kognitive Prozeß der Aneignung der Vorstellung vom natürlichen Tod abgeschlossen. Die Rolle der allgemeinen kognitiven Entwicklung für die Aneignung des Todeskonzeptes ist allerdings nur ansatzweise theoretisch aufgearbeitet.

Ebenso bleiben die emotionalen Aspekte der Entwicklung des Todesbegriffs vorerst unscharf. Die von Gesell und Ilg (1946) postulierten Phasen der emotionalen Betroffenheit durch fremden Tod im Alter von sieben Jahren und der Betroffenheit durch eigene Sterblichkeit in der Pubertät stehen zwar im Einklang mit den vorhandenen Daten, aber empirisch belegt sind sie dadurch noch nicht. Der von Améry (1987) betonte Unterschied, ob man vom Tode weiß oder ob er einen etwas angeht, wird bislang wenig zur Kenntnis genommen. Aber erst wenn der Tod uns etwas angeht, werden wir wirklich mit dem Denken des Unvorstellbaren konfrontiert, mit der eigenen Nichtexistenz. Wie weit wir Erwachsenen in diesem Sinne den natürlichen Tod „verstehen", mag offen bleiben.

B 1.4 Informationen über den Tod

Woher beziehen Kinder ihre Informationen über den Tod? Als Informationsquellen kommen neben der direkten Erfahrung vor allem das engere soziale Umfeld in Betracht: Eltern, Geschwister, Verwandte, aber auch Freunde und Spielkameraden. Die Schule und andere Institutionen, z.B. auch Religionsgemeinschaften, können Kenntnisse über den Tod vermitteln. Bücher, Fernsehen und andere Medien behandeln Tod und Sterben. Es ist nicht möglich, den Einfluß der verschiedenen Informationen über den Tod, mit denen sich Kinder im Lauf der Zeit auseinandersetzen, quantitativ zu gewichten. Allgemein läßt sich sagen, daß indirekte Informationsquellen umso wichtiger werden, je weniger die Kinder auf unmittelbare Erfahrung zurückgreifen können.

In unseren Breiten ist die direkte Begegnung mit menschlichem Sterben selten geworden. Es gibt Erwachsene, die niemals einen toten Menschen gesehen haben. In den hochindustrialisierten Ländern der „ersten Welt" befinden wir uns in dieser Hinsicht in einer höchst ungewöhnlichen Situation. Wie nahe noch den Generationen vor uns der Tod in der Familie gewesen ist, mag man an der zeitgenössischen Angabe ersehen, daß im Deutschen Reich in den Orten mit über 15.000 Einwohnern 20% (!) aller lebendgeborenen Säuglinge in den Jahren

1902/3 starben (Baginsky, 1907). Demgegenüber betrug 1992 die Säuglingssterblichkeit in Deutschland 7 ‰, in Japan 4 ‰ und den U.S.A. 8,9 ‰. Abseits dieser Insel des Wohlstandes und des Friedens liegen die Werte um ein Vielfaches höher (z.B. China 33 ‰, Brasilien 67‰, Ghana 86 ‰). Allerdings reichen nur einige kriegsverwüstete Länder wie Mozambique (134 ‰) und Afghanistan (164 ‰) an die seinerzeit von Baginsky angegebene Größenordnung heran[6]. Ähnliche Rechnungen ließen sich für die Beherrschung von Infektionskrankheiten aufmachen. Schließlich muß man daran erinnern, daß die nach dem zweiten Weltkrieg in Mitteleuropa geborenen Generationen seit langer Zeit die ersten sind, die in Friedenszeiten aufwachsen konnten. Der Tod hat hierzulande und in unserer Zeit ein anderes Gesicht als früher, und ein anderes, als es in anderen Gegenden der Welt der Fall ist, wo Kindern und Jugendlichen das Sterben an Entbehrungen und der gewaltsame Tod nur allzu vertraut sind. Die Thanatopsychologie (z.B. Wittkowski, 1990; Ochsmann, 1991) ist an dieser Thematik bislang weitgehend vorbeigegangen.[7] Ihre Aussagen beziehen sich daher zunächst einmal auf den Sonderfall einer Gesellschaft, für die das menschliche Sterben fremdartig ist. Vielleicht sollte man diese Selbstbescheidung überdenken.

---

6 Alle Angaben nach *The World Almanac and Book of Facts*, 1993. Pharos Books; CD-ROM edition.

7 Bei Ochsmann (1990) wird dieser gewaltsame Tod lediglich von S. Markmann in einer Abhandlung über Gedichte von Frauen im ersten Weltkrieg - wo man noch von "hinter den Linien" oder der "Heimatfront" reden konnte - angesprochen.

In unserem Erfahrungsbereich lernen wir das Wissen über den Tod vorwiegend von anderen, direkt oder indirekt. Einige bedeutsame Informationsquellen und die spezifischen Informationen, die sie vermitteln, sollen in den folgenden Abschnitten diskutiert werden.

Wir haben bereits zwei Versionen des Todeskonzepts ausgemacht, die nur schwer miteinander in Einklang zu bringen sind, die aber dennoch nebeneinander bestehen können: die ursprüngliche, z.T. religiös begründete Vorstellung vom Weiterleben in anderer Form nach dem Tod, und die moderne Idealvorstellung des „natürlichen Todes" als dem unvermeidlichen Abschluß des Lebens - während alle anderen, „unnatürlichen" Todesursachen prinzipiell als beherrschbar gelten. Die weitreichende Akzeptanz dieser Auffassung führt allerdings nicht unbedingt dazu, daß Kindern konsistent das Konzept des natürlichen Todes vermittelt wird. Statt dessen erscheint der Tod als ein Tabuthema, über das „man nicht spricht" - so wie es noch vor wenigen Jahrzehnten auch mit der Sexualität gehalten wurde.

Der Essay von Mitford (1961) über den „American way of death" zeigt exemplarisch, wie sehr Tod und Sterben selbst aus der Sprache des Bestattungsgewerbes eliminiert werden können. Es gibt keine Leiche, keine Leichenhalle und keinen Friedhof mehr: „Mr. Jones ruht im Schlummerraum", bevor er in den „Gedächtnispark" kommt; der Bestatter wird entsprechend zum „Begräbnisdirektor". Auch die von Fuchs (1969, S. 139) erwähnte unpersönliche Sprache der Todesanzeigen, deren Inhalt - abgesehen von den persönlichen Daten - aus „informationslosen Formeln" besteht, die „in ihrer Gestanztheit kaum überbietbar sind", schafft Distanz.

Wittkowski (1978) referiert eine Reihe psychoanalytisch fundierter Studien aus den 60er Jahren, die gemeinsam allerdings nur den wenig befriedigenden Schluß rechtfertigen, daß bei der Konfrontation mit der Todesthematik „irgendwelche Abwehrstrategien bei irgendwelchen Personen wirksam werden" (Wittkowski, 1990, S.102).

Immerhin scheint die Aussage gerechtfertigt, daß der Tod in unserem kulturellen Bereich etwas Peinliches darstellt, das im Verborgenen bleibt. Das gilt nicht nur für Todesthemen allgemein, sondern auch konkret für sterbende Personen. Die Literatur kennt den Begriff des „sozialen Sterbens" und des „sozialen Todes" (Kastenbaum & Aisenberg, 1972; Lehr & Schuster, 1976), und es wird allgemein als eine Aufgabe der Sterbehilfe angesehen, Angehörige zum Aufrechterhalten des Kontaktes zu Sterbenden zu ermutigen, um den vorzeitigen sozialen Tod zu verhindern (Garfield, 1978). Die Tabuisierung des Todes verträgt sich nicht nur mit dem Konzept des natürlichen Todes, sie mag durch dieses sogar begünstigt werden.

Es gibt keinen konkreten Maßstab dafür, wann ein Tod als „natürlich" und damit als unvermeidlich und wann als eine an sich vermeidbare Niederlage medizinischer Kunst gedeutet werden muß. Je ausgeprägter der Glaube an die Medizin und je größer der Ehrgeiz, umso eher wird der Tod schließlich als medizinisches Versagen gedeutet werden.

So mag ein sterbender Mensch zunächst, solange noch irgendeine Hoffnung besteht, besonders intensive Betreuung erhalten - die eine weitgehende Isolierung von seinem sozialen Umfeld erfordert - um schließlich, wenn die Hoffnung aufgegeben ist, als „hoffnungsloser

Fall" und personifiziertes *memento mori* fortgeschoben zu werden (Gorer, 1956; Ariès, 1993). Die Angst vor einem solchen Schicksal ist verbreitet genug, um Euthanasievereinigungen einschließlich der inzwischen diskreditierten DGHS mit ihrer Forderung nach einem Recht auf den eigenen Tod[8] erheblichen Auftrieb zu geben (vgl. Simon, 1987).

Daß der Tod als Tabuthema behandelt wird, heißt nicht unbedingt, daß diese Thematik von Kindern ferngehalten wird. Auch bei sexuellen Themen, die noch vor wenigen Jahrzehnten gründlich tabuisiert waren, war die Situation komplexer. Orientiert man sich an der Behandlung des Sexualbereichs (zum Zusammenhang von Todesbewußtsein und Sexualtabu vgl. DeMarchi, 1988, S.179ff.) etwa zu Zeiten der Oswald-Kolle-Filme, so sollte der Tod dort nicht vorkommen, durch euphemistische Vokabeln verschleiert oder ästhetisierend „gereinigt" werden, wo dies irgend möglich ist - selbst wenn der Hinweis auf den Tod dem Gegenstand angemessen wäre, etwa wo es um Aufklärung über Gefahren des Straßenverkehrs, des Drogenmißbrauchs oder um Aids -Aufklärung geht. Nur für den Fall, daß eine Auseinandersetzung mit dem Tod nicht vermieden werden kann - speziell als Hilfe im Umgang mit trauernden Kindern - steht zu erwarten, daß ein

---

8 Gemeint ist der vorzeitige, "unnatürliche" Tod auf eigenen Wunsch: "Der Freitod, die Möglichkeit, Hand an sich selbst zu legen, gilt als die höchste und letzte Freiheit des Menschen." (Bergemann, zit. in Bleischwitz, 1986, S.80). Die Selbsttötung wird propagiert als Mittel, *nicht* auf den natürlichen Tod warten zu müssen. Ein *Recht* auf den natürlichen Tod würde im Gegenteil den Schutz vor dem vorzeitigen Ende implizieren.

spezielles Reservat der pädagogisch bemühten Aufklärungsliteratur existiert.

Allerdings ist zumindest eine Form der Information Kindern zugänglich, in der von einer schlichten Vermeidung des Todes keine Rede sein kann, im Gegenteil: die Medien. Der eklatante Gegensatz zwischen der Tabuisierung des Todes bis hin zu der von Fuchs (1969, S. 143ff.) aus gängigen Begräbnisriten abgelesenen Angst vor den Toten - die aus der Sicht des natürlichen Todes nur mehr Dinge wären - und der Schaulust, die Tod und Gewalt zur populären Unterhaltungsware werden läßt, kann allenfalls spekulativ beantwortet werden. Die Beobachtung, daß gerade das Furchtbare eine enorme Anziehungskraft ausübt, ist nicht neu:

„Nichts bess'res weiß ich mir an Sonn- und Feiertagen
als ein Gespräch von Krieg und Kriegsgeschrei,
wenn hinten, weit in der Türkei
die Völker aufeinanderschlagen."

(Goethe, *Faust* I, Osterspaziergang)

Es ist auffällig, daß auch umfassende soziologische und psychologische Darstellungen wie Fuchs (1969), DeMarchi (1988) oder Wittkowski (1990) diesen Aspekt nicht näher analysieren. Auch die in der Medienforschung gängigen Erklärungsversuche bieten keine rechte Antwort. Groebel und Gleich (1993) offerieren als Erklärungsfaktoren:

- Sozialisationserfahrungen und rituelle Gewohnheiten
- Orientierungs- und Informationsinteresse
- situationale Anregungssuche
- Persönlichkeitseigenschaften / Risikosuche.

Man muß z.B. den Autoren zugestehen, daß Todesbilder in der Tat „starke" Bilder sind, die einen (unterhalb einer je individuellen Grenze) als anregend erlebten physiologischen Erregungsanstieg bewirken. Aber auch das befriedigt nicht recht, weil nun unerklärt bleibt, warum der Tod anderwärts verleugnet und gemieden werden sollte. Es soll an dieser Stelle keine umfassende Deutung versucht werden. Denkbar ist, daß man über die genannten Faktoren hinaus im Konsum von Todesdarbietungen das Unheimliche sich vertraut machen und so „kognitive Kontrolle" (Averill, 1980) gewinnen kann - im sicheren Gefühl, nicht betroffen zu sein. Der geringe Realitätsgrad, der fiktive Medientode auszeichnet, ist ein mögliches Distanzierungsmittel. Aber Irrealität ist keine notwendige Voraussetzung: auch wirkliche Unfälle und Suizide haben ihr Publikum, im spanischen Stierkampf und dem noch im 18. Jahrhundert verbreiteten Kampf von Hunden gegen den angeketteten Bären („bear baiting"), in Hahnenkämpfen oder der englischen Fuchsjagd ist der reale Tod des Tieres Teil der Unterhaltung. Bei den antiken Gladiatorenkämpfen war es auch der Tod von Menschen. In jedem Fall aber ist es der fremde Tod, nicht der eigene und nicht der von Angehörigen der eigenen Gruppe. Der fremde Tod - „weit in der Türkei" - läßt sich instrumentalisieren, selbst zum „starken Bild" der Unterhaltung. Auf der Suche nach Informationsquellen, die neben den primären Sozialisationsagenten die Entwicklung des kindlichen Todeskonzepts beeinflussen können, müssen wir insgesamt also folgende Bereiche betrachten:

- religiöse Unterweisung,
- Kinderliteratur, „Aufklärungsmaterial" über den Tod,
- Umgang mit dem Tod in der Warnung vor Gefährdungen,
- Tod in den Medien

Religiöse Unterweisung

Auch in einer weitgehend säkularisierten Welt, in der die Idealvorstellung des „natürlichen Todes" akzeptiert wird, sind die ursprünglicheren Auffassungen vom Tod als einem Übergang in eine andere Existenzform nicht verschwunden. Hahn (1968, S. 104) sieht im Jenseitsglauben ein Kennzeichen jeder Kultur. Es ist leicht vorstellbar, daß in einer pluralistischen Gesellschaft die Erwartung einer Fortexistenz nach dem Tode und die Vorstellung vom Tod als dem Ende aller Lebensfunktionen nebeneinander bestehen. Sie werden aber durchaus auch gemeinsam vertreten (z.B. Popper & Eccles, 1977), scheinbar ein Widerspruch, wenn man die an Groethuysen (1927) orientierte Aussage von Fuchs (1969, S. 82) bedenkt, der natürliche Tod widerspreche „allen magischen und religiösen Vorstellungen vom Leben nach dem Tode, indem er die Ursachen und Folgen des Todes als natürlich angibt."

Historisch gesehen, ist eine solche Aussage sicherlich berechtigt. Eine logische Notwendigkeit, mit dem Akzeptieren eines natürlichen Todes auch das Undenkbare, das Vergehen der Person ins Nichts anzunehmen, besteht allerdings nicht. Der traditionelle Kunstgriff einer ontologischen Trennung zwischen der natürlichen, materiellen Welt, in der der Mensch endgültig stirbt, und einer geistig-seelischen Welt, in der die Seele fortbesteht, löst jedenfalls den logischen Widerspruch auf, was immer er sonst an Schwierigkeiten aufwerfen mag. Das religiöse Vertrauen auf ein Weiterleben nach dem Tode[9] läßt sich nicht mit dem

---

9 Wie wirksam diese Tröstung ist, bleibt offen. Wittkowski (1990) weist in seiner Zusammenfassung darauf hin,

Hinweis auf die Erfolge der Naturwissenschaften widerlegen.

Dennoch kann man unterstellen, daß die religiösen Ideen, mit denen Kinder aufwachsen, auch ihr Todeskonzept beeinflussen. Ein Jenseits, das buchstäblich „nicht von dieser Welt" ist, dürfte für Kinder schwer vorstellbar sein. Bei der Untersuchung kindlicher Ideen von einem Leben nach dem Tode sollte die Frage, wie irdisch jeweils das Jenseits gedacht wird, berücksichtigt werden. Ferner wird das Todeskonzept nicht als isolierter Begriff erworben, sondern ist ein Teil eines umfassenderen Weltbildes - so wie der Begriff des „natürlichen Todes" zur Weltdeutung der bürgerlichen Aufklärung gehört (vgl. Groethuysen, 1927; Weber, 1956). In einem anderen kulturellen und religiösen Umfeld wird sich auch der Todesbegriff anders entwickeln.

Der Einfluß religiöser Unterweisung auf das Todeskonzept wird in einer explorativen Studie von Anthony und Bhana (1988) aufgezeigt, die sich mit der Entwicklung der Komponenten des „reifen" Todesbegriffs bei zwei Gruppen muslimischer Mädchen im Alter von sechs und neun Jahren befaßt, die aus stark religiös geprägten Familien stammten und einen hohen Wert in religiöser Orientierung aufwiesen; sie hatten sämtlich schon an Beerdigungen teilgenommen und ihre Mütter hatten ihnen die Bedeutung des Todes erklärt.

Die Unterschiede zwischen den Altersgruppen entsprechen bei diesen Kindern nur zum Teil dem, was wir in einer westlichen Stichprobe erwarten würden. Die

---

daß möglicherweise eine kurvilineare Beziehung zwischen Todesfurcht und Religiosität besteht, mit einem Maximum an Angst bei den *mäßig* Religiösen - die vielleicht auch diejenigen sind, die das Thema am wenigsten reflektiert haben.

Kinder verstanden, daß alle Menschen einmal sterben, wußten, wann ein Mensch tot ist und hatten realistische Vorstellungen vom Aussehen der Toten. Sie beschrieben den Tod als endgültig und verstanden ihn als das Ende aller Körperfunktionen. Die älteren Kinder akzeptierten eher als die jüngeren, daß auch Kinder sterben können.

Beide Gruppen hatten aber auch bildhafte, fantasievolle Vorstellungen vom Jenseits, die jüngere Gruppe vor allem vom Himmel, die ältere von der Hölle und den Höllenstrafen. Die Bilder des Himmels entstammten zum Teil der eigenen Fantasie der Kinder (die Menschen haben dort Flügel, besitzen zahme Löwen, essen Eis), die Vorstellungen der älteren Kinder von den von Gott verhängten Höllenstrafen entsprechen traditioneller Lehre (Sünder werden ausgepeitscht, fallen ins Feuer, werden unter Schlangen und Krokodile geworfen, bekommen Ausscheidungen und Blut zu trinken). Zudem waren die Älteren eher bereit, den Tod als unter bestimmten Umständen reversibel anzusehen: am jüngsten Tage, wenn man „zu Gott geht", wenn man „im Grab von Engeln verhört wird", oder wenn man „in den Himmel oder die Hölle eingeht" - nicht aber als Rückkehr ins Leben.

Wie irdisch dieses Leben nach dem Tode gedacht ist, geht aus den Daten nicht eindeutig hervor. Es scheint aber, daß die jüngeren Kinder hier das weniger differenzierte Konzept haben: sie meinen, daß die Toten begrenzte Zeit in den Gräbern lebten, um dann in den Himmel einzugehen, während die älteren die Gräber bis zum jüngsten Tag belegt sehen. Es mag sein, daß bei den älteren Kindern die Paradies- und Höllenvorstellungen auch mit einer dualistischen Weltsicht verbunden sind.

Der „gesellschaftliche Lehrplan" dieser Kinder weicht vom naturwissenschaftlich betonten Weltbild westlicher Prägung ab, und es wird auch ein anderes Todeskonzept vermittelt: anstelle des natürlichen Todes tritt die religiöse Botschaft vom Weiterleben nach dem Tode und der gerechten Bestrafung der Sünder durch Gott in den Mittelpunkt. Traditionelle Religiosität vermittelt ein ursprüngliches, „magisches" Bild vom Tod, und die Ergebnisse zeigen, daß die Entwicklung der Todesvorstellung auf dieser Grundlage etwas anders verläuft. Gemessen am Ideal des natürlichen Todes haben die älteren Kinder zum Teil das weniger reife Todeskonzept. Am Maßstab islamischer Lehre gemessen, sind sie weiter fortgeschritten als die jüngeren.

Es wäre interessant, den Einfluß unterschiedlicher religiöser Überzeugungen innerhalb unseres Kulturkreises auf die Entwicklung des Todeskonzepts mit der Darstellung von Anthony und Bhana zu vergleichen. Der islamischen Lehre entsprechende Inhalte finden sich außer in islamischen auch in christlichen Gemeinschaften. Eine Informationsschrift der Freien Evangelischen Gemeinde Hamburg betont z.B."daß es schon im Totenreich zwei Daseinsräume gibt, in die die Toten nach ihrem Sterben kommen, den „Ort der Qual" und das Paradies" und „daß die Toten im Totenreich hellwach sind und am Geschehen auf dieser Welt Anteil nehmen". (Martens, 1992, S.28)

Ob solche Informationen in einem weltlichen Umfeld die Todesvorstellung so beeinflussen wie in einem orthodox religiösen Kontext, und wie Kinder die Diskrepanz zwischen traditioneller Religiosität in der Familie und einer weltlichen Umgebung kognitiv bewältigen, wäre eine empirische Prüfung wert.

Kinderliteratur und „Aufklärungsmaterial" über den Tod

Kinder, so fordert Bettelheim (1980), brauchen Märchen, denn Märchen greifen die existentiellen Probleme auf, die auf die Kinder eindringen. Märchen verleugnen die dunkleren Seiten der menschlichen Natur nicht - die Bereitschaft, aggressiv, unsozial und egoistisch zu handeln -, ebensowenig wie Leiden, Altern und den Tod. Sie sind Geschichten vom mutigem Kampf gegen scheinbar überwältigende Widrigkeiten, moralische Geschichten von Gut und Böse, und sie bieten dem Kind in vereinfachter, auf das Wesentliche verknappter Form Identifikationsmuster an. Die Identifikation mit dem Märchenhelden weist dem Kind Wege zur Überwindung seiner Abhängigkeit und zum Erringen eines befriedigenden, unabhängigen Lebens:

„Das Kind muß ... sich aus kindlichen Abhängigkeiten lösen und Selbstbewußtsein, Selbstwertgefühl und moralisches Pflichtbewußtsein erwerben. Um diese Probleme zu meistern, muß es verstehen, was in seinem Bewußten vorgeht, damit es auch mit dem zurechtkommt, was sich in seinem Unbewußten abspielt. Dieses Verständnis und diese Fähigkeit erringt es nicht durch rationales Erfassen seines Unbewußten, sondern nur, indem es mit ihm vertraut wird: indem es als Reaktion auf unbewußte Spannungen über entsprechende Elemente aus Geschichten nachgrübelt, sie neu zusammensetzt und darüber phantasiert. Dabei formt das Kind unbewußte Inhalte zu bewußten Phantasien, die es ihm dann ermöglichen, sich mit diesem Inhalt auseinanderzusetzen. In dieser Hinsicht haben die Märchen einen unschätzbaren Wert, weil sie der Phantasie des Kindes neue Dimensionen eröffnen, die es selbst nicht erschließen könnte. Was noch wichtiger ist: Form und Gestalt der Märchen bieten dem Kinde Bilder an, nach denen es seine Tagträume ausbilden und seinem Leben eine bessere Orientierung geben kann." (Bettelheim, 1980, S. 13)

Bettelheim schreibt nicht zuletzt zur Verteidigung der Märchen gegen diejenigen, die sie als „ungesund" verpönen. Die Kinderliteratur, so wie er sie wahrnimmt, verschweigt die Schattenseiten des Lebens, verschweigt das Negative, und geht dem Tod aus dem Wege:

„Bei den meisten Eltern herrscht jedoch die Meinung vor, man müsse ein Kind von dem, was es am meisten bedrückt, ablenken, also von seinen gestaltlosen, namenlosen Ängsten und von seinen chaotischen, zornigen oder auch gewalttätigen Phantasien. Viele Eltern glauben, man sollte das Kind nur mit bewußter Wirklichkeit oder angenehmen, wunscherfüllenden Bildern konfrontieren, ihm also nur die Schokoladenseite der Dinge zeigen....

'Heile' Geschichten erwähnen weder den Tod noch das Alterns als Grenzen unserer Existenz, sie sprechen auch nicht von der Sehnsucht nach ewigem Leben." (Bettelheim, 1980, S.13f).

Der Tod ist im Märchen eine Selbstverständlichkeit, wie er auch zur Zeit ihrer Entstehung immer gegenwärtig war, aber er ist nicht das eigentliche Thema. Die Märchen der verschiedenen Kulturkreise, die Bettelheim aufgreift, vermitteln kein einheitliches Todeskonzept. Es gibt den Tod als Durchgangsstadium zu einer Wiedergeburt als reiferer Mensch (Rotkäppchen) ebenso wie den Tod als Strafe derjenigen, die sich einer Herausforderung stellen, ehe die Zeit gekommen ist

(Schneewittchen), vor allem aber den Tod als Alltagsereignis, das den Zuhörern ohnedies vertraut war.

Bettelheim argumentiert, daß die Märchen auch die Liebe zum Leben und die Furcht vor dem Tode in einer Form thematisieren, die für Kinder verständlich ist, kann aber dafür lediglich die traditionellen Märchenschlüsse ins Feld führen: „Und wenn sie nicht gestorben sind, so leben sie noch heut." „Und sie lebten vergnügt immerdar miteinander." oder „Sie lebten noch lange glücklich und in Freuden." Wenn man als Erwachsener wahre Liebe gefunden hat, so seine Interpretation, braucht man sich ewiges Leben nicht mehr zu wünschen.

Die Märchen lehren also nicht, was der Tod ist, sondern sie akzeptieren ihn, während nach Bettelheims Diagnose die moderne Kinderliteratur gerade dazu nicht bereit ist, sondern den Tod wie andere Schattenseiten des menschlichen Lebens verleugnet. So gesehen, lehrt herkömmliche Kinderliteratur über den Tod nur, daß er etwas ist, wovon man nicht spricht.[10] Diese Beobachtung wird unter anderem vom Flemming (1991, S.118) bestätigt und differenziert:

Tod und Sterben „...geschieht heute hinter verschlossenen Türen: der Tod in der Klinik, die Beerdigung auf dem Zentralfriedhof, die Trauer, wenn sie überhaupt zugelassen wird, heimlich im einzelnen Zimmer. Kinder gehören da nicht hinein. Die Erwachsenen schämen sich ihrer Tränen, fürchten Fragen - sicherlich

---

10 Diese Todesvermeidung ist noch jüngeren Datums als die Tabuisierung der Geschlechtlichkeit. Kinderliteratur aus dem sich extrem prüde gebenden Viktorianischen England, wie Lewis Carroll´s "Alice im Wunderland", sind voller Anspielungen auf den Tod.

auch eigene - und wollen Kindern das schreckliche Erlebnis ersparen."

Flemming befaßt sich mit den wenigen Büchern, die diese Haltung korrigieren und die Kinder an das unheimliche Thema heranführen wollen. Sie sind mit der Absicht geschrieben, Kindern Trost und Hilfe zu geben, wenn das Thema nicht vermieden werden kann.

Astrid Lindgrens Erzählung „Die Brüder Löwenherz" (1973), in der zwei Kinder sterben, löste noch einen Sturm der Entrüstung aus, obwohl - oder vielleicht gerade weil - dieses „Trostbuch" auf die Erzählweise des Märchens zurückgreift, die Bettelheim so engagiert verteidigt. Elfie Donellys mehrfach mit Auszeichnungen bedachtes Buch „Servus Opa, sagte ich leise" (1977), eine realistisch erzählte Geschichte, wurde leichter akzeptiert. Inzwischen ist der Tod als Kinderbuchthema weitgehend etabliert, Gudrun Mebs (1991) „Birgit. Eine Geschichte vom Sterben" ist nur einer von mehreren neueren Texten. Außer den von Flemming angesprochenen Arbeiten stehen zur Information trauernder Kinder noch direkte Aufklärungswerke zur Verfügung, wie die unmittelbar belehrenden Bildgeschichten „Ich will etwas vom Tod wissen" von Becker und Niggemeyer (1979).

Was diese Problembücher an Informationen über den Tod mitteilen, ist gesellschaftlicher Konsens. Dazu gehören vor allem die Hinweise auf Komponenten eines „reifen" Todeskonzepts: Universalität, Irreversibilität, Todesursachen, Altern. Becker und Niggemeyer (1979) nehmen für sich in Anspruch, die Ergebnisse psychologischer Forschung zur Entwicklung des Umgangs mit dem Tod in ihren Geschichten verarbeitet zu haben. Eine systematische Evaluation der Auswirkungen der Beschäftigung mit aufklärenden Erzählungen und Geschichten steht noch aus. Gesellschaftlicher Konsens ist auch das Offenhalten der Option auf ein Leben nach dem Tode. In „Birgit" z. B. heißt es:

„Die Birgit ist gar nicht mehr in ihrem Körper drin. Ihre Seele ist in den Himmel geflogen. Aber wer ist dann die Birgit? Eine Körper-Birgit liegt im Sarg, und eine Seelen-Birgit ist im Himmel? Gibt es zwei Birgits? ... Ich kann mir das überhaupt nicht vorstellen. Wo ist die Birgit jetzt?"

Die Frage wird gestellt, aber nicht beantwortet. Später taucht das Thema noch einmal auf:

„Die Birgit, die ist gestorben auf immer, und sie lebt nur weiter, wenn wir ganz fest an sie denken und sie nie vergessen und uns oft an sie erinnern. ... Mama hat gesagt, so ist die Birgit immer bei uns, auch wenn wir sie nicht sehen können, spüren wir sie vielleicht. Das finde ich gut. Ich möchte, daß ich oft die Birgit spüre. Mama sagt, ich kann auch mit ihr reden, wenn ich will. Ich muß nur fest an sie denken. Wenn das so ist, dann will ich das gleich morgen ausprobieren." (Mebs, 1991, S. 42, 46)

Ähnlich sehen es Becker und Niggemeyer: ihr Buch gibt „... nicht die christliche Antwort auf die Fragen, die der Tod uns stellt, aber es schließt diese Antwort auch nicht aus" (Becker & Niggemeyer, 1979, Nachwort). Auch Bailis (1978) findet in seiner Stichprobe von 40 Kinderbüchern eine starke Tendenz, ein Weiterleben nach dem Tode zu unterstellen. So verständlich dieses diplomatische Vorgehen vom Standpunkt des Erwachsenen auch sein mag, ob Texte wie die oben zitierten das Informationsbedürfnis kindlicher Leser befriedigen können, ist zu bezweifeln.

Der Tod erscheint in der Kinderliteratur als ein Thema, das weitgehend auf eine Minderheit speziell aufklärender Arbeiten beschränkt bleibt. Den Einfluß derartiger Darstellungen auf die Entwicklung des Todeskonzeptes wird man insgesamt als recht gering veranschlagen können. Das schließt nicht aus, daß sie dem einzelnen Kind eine große Hilfe sein können, wenn es auf die Sprachlosigkeit seiner erwachsenen Umwelt angesichts des Todes stößt und dies als zusätzliche Belastung erfährt. Erzählungen wie „Birgit" machen den Ablauf einer Erkrankung - in diesem Fall einer rasch fortschreitenden Krebserkrankung - ansatzweise verstehbar und sprechen Erfahrungen und Gefühle der Schwester des sterbenden Kindes offen aus, auch negative oder egoistische und scheinbar unangemessene. Sie zeigen die Erwachsenen (sicherlich realistisch) als niedergedrückt, in sich zurückgezogen, abweisend und unabsichtlich verständnislos: „trostlose Tröster" nennt es Flemming. Die unprätentiösen Lesebuchgeschichten von Becker und Niggemeyer (1979) gehen direkter auf kindliche Fragen und Gefühle ein und sind für die pädagogische Arbeit vermutlich nützlicher. Kindern mögen anhand dieser Texte die Reaktionen ihrer Umwelt besser verstehen, gröbere Irrtümer können korrigiert werden, und die Darstellung wirkt vor allem Schuldgefühlen entgegen. Mehr als ein Versuch der Korrektur der Versäumnisse, die durch das peinlich berührte Schweigen der Erwachsenen entstehen, können Problembücher nicht leisten.

Der Umgang mit dem Tod in der Warnung vor Gefährdungen

Aufklärungsmaterial, das Kinder und Jugendliche davor bewahren soll, sich in Lebensgefahr zu begeben, ist als Informationsquelle für die Entwicklung des kindlichen Todeskonzeptes ebenfalls von untergeordneter Bedeutung. Der Umgang mit dem Tod in derartigen Darstellungen kann jedoch als Gradmesser dafür dienen, wieweit die Todesthematik in unserer Gesellschaft noch tabuisiert wird. Verkehrserziehung, Drogen- und Aidsaufklärung sind zweifellos Bereiche, in denen es nicht zuletzt um die Vermeidung tödlicher Gefahren geht. Darin, daß dies überhaupt als Aufgabe der Allgemeinheit gesehen wird, manifestiert sich das Weltbild, zu dem das Ideal des „natürliche Todes" gehört.

Eine neutrale Informationspolitik, die nicht unter dem Druck steht, das Todesthema nach Möglichkeit zu meiden, würde die tödlichen Konsequenzen ohne Umschweife nennen. Gilt dagegen der Tod als Tabuthema, so wird man seine Nennung auf das unvermeidliche Mindestmaß beschränken und besonders gegenüber Kindern und Jugendlichen möglichst darauf verzichten. Die Scheu vor abschreckenden Warnungen bei der Gestaltung von Informationsmaterialien ist unter dieser Vorgabe durchaus psychologisch begründet: die Gefahr besteht, daß nicht das gefährliche Verhalten gemieden wird, sondern die abschreckenden Informationsmaterialien selbst (vgl. Festinger, 1957; Frey, 1986).

Bei der Durchsicht einschlägigen Informationsmaterials zeigt sich, daß der Tod umso weniger in Erscheinung tritt, je jünger die Zielgruppe ist. Die Verkehrserziehung wendet sich besonders an Grundschulkinder, die vor allem als Fußgänger verunglücken, und an die Gruppe der zehn- bis vierzehnjährigen, die als Radfahrer besonders gefährdet sind. Das Risiko, im Straßenverkehr als Fußgänger oder Radfahrer zu verunglükken, betrug 1990 für die jüngere Altersgruppe 566,2 auf

Abbildung 4. Der Tod in einem Aids-Comic für Jugendliche; Ausschnitt. (Landeszentrale für Gesundheitserziehung in Rheinland-Pfalz, 1993, S.9.).

100.000 Kinder, für die ältere sogar 604,8 (Flade, 1992). Dennoch bleibt der Tod bei dem Entwurf eines verkehrspädagogischen Programms für die Sekundarstufen I und II (Wessel, 1987) unerwähnt.

In ähnlicher Weise geht eine auf jugendliche Leser abgestellte Aids-Information im Comic-Stil geht dem Wort „Tod" geflissentlich aus dem Wege und kommt so zu der eigentümlichen Konstellation, daß ein apokalypti sches Todesbild benutzt und zugleich mit ironisierenden zeichnerischen Zutaten abgemildert wird - wobei der

Sensenmann eben nicht „Gevatter Tod" heißt. Daß diese Anspielungen verstanden werden, setzen die Autoren natürlich voraus. Die Bildunterschrift be-sagt:

„Gevatter AIDS kommt mit Gefolge
auf einer äußerst finstr´en Wolke."

Die allgemeine Aufklärungsbroschüre der Bundeszentrale für Gesundheitliche Aufklärung (1993) definiert AIDS immerhin an zwei Stellen als tödlich verlaufende Krankheit. Bei der Frage „Was geschieht, wenn man sich mit HIV angesteckt hat" wird der tödliche Ausgang aber nicht wieder erwähnt.

Eine Durchsicht von sieben Aufklärungsbroschüren über die Gefahren legaler und illegaler Drogen, die von der Bundeszentrale für Gesundheitliche Aufklärung vertrieben werden, zeigt, daß der Tod zwar gelegentlich - in der Regel nicht mehr als zweimal im Haupttext - erwähnt wird, aber das Herunterspielen dieser Gefahr ist doch deutlich. Ein Verweis auf den starken Anstieg der Anzahl der Drogentoter in den letzten Jahren findet sich einmal in den begleitenden Erläuterungen zu einer Informationskampagne, eine Broschüre nennt eine Zahl von Herointoten, mehr findet sich nicht. Eine Broschüre für Menschen, die in der Jugendarbeit tätig sind, nennt den „toten Fixer im Klo" - stellt dies aber als einen für die Drogenproblematik untypischen Extremfall heraus. Eine andere Broschüre schildert den „beispielhaften Verlauf einer Abhängigkeit", ohne auf Langzeitschäden hinzuweisen.

Auch bei den Angaben über akute Risiken spezifischer Stoffe wird Zurückhaltung geübt. Daß Heroin und „Schnüffelstoffe" zu tödlichen Vergiftungen führen können, wird zwar durchweg erwähnt, entsprechende Risiken bei Kokain, Alkohol, sowie Schlaf-, Aufputsch- oder

Schmerzmitteln werden dagegen meist verschwiegen. „Abschreckung", so formuliert es die Bundeszentrale, gehöre „weder in Wort noch Bild zu den Mitteln der Anzeigen".[11] Auch dieser Form der Information wird man keinen prägenden Einfluß auf die Entwicklung kindlicher Todeskonzepte zuschreiben können. Der Eindruck, daß sie einen gesellschaftlichen Konsens des Vermeidens, Leugnens oder Verdrängens repräsentiert, mit dem Ergebnis, daß die Nennung des Todes auf das absolut erforderliche Minimum reduziert bleibt, ist nicht ganz von der Hand zu weisen.

Tod in den Medien

„Oh, because I see guns on TV and people shooting guns at people on TV with guns...." (Lonetto, 1980, S.69).

Die häufigste Konfrontation jüngerer Kinder mit dem Tod findet in den Medien statt. Der Medientod ist gewaltsam. Groebel und Gleich (1993) stellen in ihrer aktuellen Analyse des Gewaltprofils im deutschen Fernsehen fest, daß in fast der Hälfte der deutschen Fernsehsendungen Aggressions- und Bedrohungsszenen vorkommen, mit dem Schwerpunkt auf Spielfilmen und Serien. Besonders hoch ist der Gewaltanteil bei privaten Anbietern (PRO 7, RTL). Ein Schwerpunkt der Gewaltszenen 1991 lag im Vorabendprogramm, das auch von jüngeren Kindern viel gesehen wird. Mehr als die Hälfte dieser Szenen enthalten eine direkte physische Schädigung, auf vollendeten Mord entfallen 20% aller ein-

---

11 Es gibt allerdings eine Ausnahme: bei der Information über die Gefahren des *Rauchens* hat sich inzwischen rückhaltlose Offenheit durchgesetzt.

schlägigen Szenen. Auch die von Kindern gern gesehenen Trickfilme haben einen hohen Gewaltanteil.

Daß ein regelmäßiger Fernsehkonsum, z.T. von mehreren Stunden täglich (Gerbner und Mitarbeiter definierten Vielseher als Personen mit mehr als vier, Wenigseher als Personen mit weniger als zwei Stunden durchschnittlichem Konsums pro Tag; z.B. Gerbner & Gross, 1981) nicht gänzlich ohne kognitive und emotionale Auswirkungen bleiben wird, liegt auf der Hand. Wir können auch davon ausgehen, daß die Beobachtung einer beträchtlichen Anzahl von Fernseh-Toden in das Wissen der Kinder über den Tod eingeht, und daß sie auf solche Szenen auch emotional reagieren. Tragen solche Programme zur schnelleren Entwicklung eines „reifen" Todeskonzepts bei, oder wirken sie eher hinderlich?

Obwohl die Auswirkungen regelmäßigen Medienkonsums seit den 70er Jahren kontrovers diskutiert werden (für eine neuere Übersicht vgl. Groebel & Winterhoff-Spurk, 1989), steht eine empirische Klärung der Medieneinflüsse auf die Entwicklung des Todeskonzeptes noch aus. Die Diskussion hat sich vor allem auf den Einfluß von Mediengewalt auf aggressives Verhalten und in zweiter Linie auf emotionale Reaktionen, besonders Angstreaktionen (vgl. Vitouch, 1993) konzentriert. Auch der Einfluß des Fernsehens auf die empathische Wahrnehmung fremder Emotionen ist diskutiert worden.[12] Was die Aus-

12 Leider sind die zu diesen Themen vorliegender Arbeiten von höchst unterschiedlicher Qualität, wie häufig bei kontroversen Themen. Neben methodisch hervorragenden empirischen Studien stehen hemmungslose Polemiken, in denen einseitige Deutungen und weitreichende Verallgemeinerungen ausgewählter Fallberichte die vorgefaßte Meinung der Autoren stützen müssen.

wirkungen auf das Todeskonzept betrifft, sind wir hingegen mangels empirischer Daten auf Vermutungen angewiesen. Immerhin geben die vorliegenden Ergebnisse einige Fingerzeige.

Für Kinder zwischen zwei und fünf Jahren, die noch nicht zuverlässig zwischen fiktiven Darstellungen und der Realität unterscheiden können, sind nach Meinung von Groebel und Gleich (1993) auch aggressive Zeichentrickfilme wie „Bugs Bunny" nicht unproblematisch. Solche Kindern werden auf aggressive Darstellungen eher mit Angst reagieren. Ältere Kinder und Erwachsene, denen der Unterschied klar ist, können sich an dem Aufregenden und Unheimlichen im Schutz einer doppelten Sicherheit nähern: „in Wirklichkeit" ist nichts passiert, und sie selbst sind ohnehin nicht betroffen. Man kann sich an Gewaltszenen gewöhnen.

Daß dennoch Vielseher höhere Angstwerte aufweisen (Vitouch, 1993), mag mit deren Glauben an eine aggressive Welt zusammenhängen, wie sie im Fernsehen gezeigt wird, oder mit der Flucht ängstlicher Jugendlicher in die Sicherheit einer irrealen Welt, in der man sich mit dem Helden identifizieren kann.

Der Unterschied zwischen Fiktion und Wirklichkeit kann im sogenannten „reality-TV" sekundär verwischt werden: reale Gewalt nimmt die Unwirklichkeit der Fernseh-Szene an, und auch daran mag man sich gewöhnen - letztlich ist der Konsument „echter" Sensationen dann in einer ähnlichen Situation wie in der Antike der Zuschauer von Gladiatorenspielen.

Was an Informationen über den Tod aus Fernsehfilmen zu entnehmen ist, kann einigen Ergebnissen des von Groebel und Gleich (1993) erstellten „Gewaltprofils des Deutschen Fernsehens" entnommen werden:

- Insgesamt wurden .. in einer Woche 136 mal Sterben oder Tod als Ergebnis von Gewalt (Mord) im Detail gezeigt.
- Die häufigste Form gezeigter Gewalt ist die eines klar dominierenden Angreifers, der eine andere Person schädigt oder überwältigt; in der Regel sind die Angreifer männliche Erwachsene, Frauen sind häufig Mordopfer.
- Gewalt erscheint vielfach als Selbstzweck, wird sie überhaupt begründet, erscheint sie als Möglichkeit, Ziele zu erreichen oder Konflikte zu lösen.
- Der Schwerpunkt der Darstellung liegt auf der motorischen Ausübung der Gewalt („action"). Der Verlauf des Angriffs ist wesentlich wichtiger als das Leiden.
- Eine Einfühlung in das Leiden und die Gefühle der Opfer wird häufig nicht nahegelegt.
- Wenn Konsequenzen für den Angreifer gezeigt werden, so sind sie eher belohnend, in den seltensten Fällen bestrafend. (Groebel & Gleich, 1993, S. 85ff.)

Für den Erwerb der Vorstellung vom natürlichen Tod dürfte die regelmäßige Konfrontation mit derartigen Informationen nicht förderlich sein. Auch bei zurückhaltender Interpretation kann man sagen, daß die Ablösung von der primitiven Auffassung des Sterbens als Getötet-Werden eher behindert wird. Wenestam und Wass (1987) berichten, daß im Vergleich von Zeichnungen U.S.-amerikanischer und schwedischer Kinder erstere häufiger den Tod als Ursache gewalttätiger Handlungen und Unfälle darstellten, während bei den schwedischen Kindern mehr kulturelle Praktiken und religiöse Symbole verwendet werden. Als Ursache für diese Differenz vermuten sie die größere Verbreitung gewalttätiger Mediendarstellungen in den USA.

Die Vorstellung vom Tod als einem natürlichen Ende des Lebens und einem realistischen Verständnis der Todesursachen wird nicht unterstützt. Ob der geringe subjektive Realitätsgrad von Medientoden (und die Wiederkehr der „toten“ Schauspieler in anderen Rollen) sich bei älteren Kindern auf das Verständnis der Endgültigkeit des Todes auswirkt, bedarf der empirischen Überprüfung. Schließlich wird den Kindern wird ein Weltbild nahegelegt, das voller Gewalt ist. Der Tod ist belanglos, alltäglich und normal. Die Filme laden zur Identifikation mit erfolgreichen Gewalttätern ein, bei gleichzeitiger „Ausblendung“ der Sicht des Opfers - Töten erscheint als erfolgversprechende Methode zur Lösung von Problemen.

Zusammenfassung

Informationsquellen, aus denen sich Kinder über den Tod unterrichten können, können die Entwicklung eines „reifen“ Todeskonzeptes beeinflussen. Unsere Diskussion hat allerdings kaum Hinweise auf fördernde Einflüsse erbracht. Kinderbücher spiegeln im wesentlichen den gesellschaftlichen Konsens wieder, spezielle Aufklärungsliteratur kann immerhin den negativen Effekten des Schweigens der Erwachsenen über den Tod abmildern. Allerdings spielt der tröstlich gemeinte Hinweis auf ein Leben nach dem Tode eine große Rolle, so daß es sicherlich nicht ein konsequent durchgehaltenes Konzept des natürlichen Todes ist, was dort trauernden Kindern nahegelegt wird. Diese Feststellung gilt in noch größerem Maße für traditionelle religiöse Schilderungen von Himmel und Hölle, seien sie nun konservativ-christlicher oder islamischer Prägung. Aufklärungsmaterialien über Gefahren des Straßenverkehrs, Drogen- und Aids-

Informationen tragen selbst nichts zum Todesbegriff dar (das ist natürlich auch nicht ihr Zweck), sie haben mit ihrer zögernden, ausweichenden Haltung selbst teil an dem allgemeinen Schweigen über den Tod. Und die Medien, die den Tod nicht verbergen, sondern zur Unterhaltungsware aufbereiten, dürften eher das Verharren in primitiven Todesvorstellungen zu befördern.

Dieses Fazit ist zweifellos vorläufig. Empirische Untersuchungen über die Wirkung der genannten Informationen sind kaum vorhanden, so daß wir vorerst auf Vermutungen angewiesen bleiben. Es wäre zu wünschen, daß diese Aspekte in der Forschung größere Aufmerksamkeit finden.

C. Fremdbestimmte Zeit - Tod durch externe Faktoren

Bisher haben wir uns damit befaßt, wie das kindliche Todeskonzept durch die kognitive Entwicklung, die Erfahrung der begrenzten Lebensspanne und durch zusätzliche, indirekte Informationen geformt wird. In diesem Kapitel soll nun untersucht werden, ob Kinder und Jugendliche durch die Auseinandersetzung mit der Bedrohung des eigenen Lebens zu einem spezifischen Todeskonzept bzw. Todeszeitmodell gelangen, das sich von demjenigen „normaler“ Kinder, die keine entsprechenden Erfahrungen aufweisen, unterscheidet.

Zunächst wird die erst in jüngerer Zeit von mancherlei Tabuisierungen befreite Fragestellung nach den Auswirkungen letaler Krankheitsverläufe auf das Fühlen, Denken und Handeln involvierter Kinder und Jugendlicher aufgegriffen, anschließend werden die Effekte diskutiert, die das Erleben von Todesgefahr im Zusammenhang mit Krieg oder Kriminalität bei Kindern auslöst.

C 1 Tödliche Krankheiten des Kindes

Noch bis weit in die 70er Jahre hinein war wissenschaftliche Literatur darüber, ob und wie von fortschreitenden Krankheiten betroffene Kinder sich ihren eigenen Tod vorstellen, nur spärlich vertreten. So urteilte Kliman (1973, S. 39) zu dieser Problemstellung: „...Untersuchungen, die unheilbar kranken Kindern in vorstrukturierter Weise die Möglichkeit geben, ihre Phantasien und ihr Wissen auszudrücken ... fehlen fast völlig.“

Die damalige Konstellation kann einerseits der kompletten Tabuisierung der Möglichkeit des Sterbens den Kindern gegenüber zugeschrieben werden, wie sie von den Beteiligten Krankenschwestern, Psychotherapeuten und Ärzten praktiziert wurde (s. Kliman, 1973, S. 39 f.), andererseits fehlte auch meist eine Rückmeldung aus den familiären Umfeld des Kindes. Hierzu noch einmal Kliman: „Der Mangel an Daten kann teilweise der für sie fast unerträglichen Belastung der Erwachsenen zugeschrieben werden, wenn sie mit einem sterbenden Kind konfrontiert werden, dies erlegt der ... Forschung schwerwiegende Beschränkungen auf.“ (1973, S. 37).

Die Tabuisierung, das Nichtthematisieren des Sterbens, dem Kind gegenüber, erscheint auf der einen Seite verständlich, um Ängste und Leidensdruck des Kindes nicht unnötig zu befördern und so dessen individuelle Belastbarkeitsgrenze zu überschreiten (vgl. Rosemeier, 1983, S. 71). Andererseits hat sich im Laufe der Forschungstätigkeit der vergangenen 20 Jahre zunehmend herauskristallisiert, daß die todgeweihten Kinder - ungeachtet aller Bemühungen der Umwelt, jegliche Facetten des schicksalhaften Geschehens nicht zur Erwähnung kommen zu lassen - sich intensiv mit ihrer Erkrankung und der Sterbeproblematik auseinandersetzen: „Wenn auch nicht davon gesprochen wird, so wissen es auch sehr junge Kinder, wenn ihr Leben zu Ende geht.“ (Rosemeier, 1983, S. 70; vgl. Wittkowski, 1991, S. 318) Diese Auseinandersetzung kann für die Umgebung unmerklich, verschlüsselt vonstatten gehen (vgl. Bürgin, 1978, S. 274, sowie Bürgin, 1992, S. 377), mit dem Resultat, daß durch die Nichtauseinandersetzung der Umwelt das Kind in seiner „angstvollen Beunruhigung und konstanten Beschäftigung in der Phantasie mit lebensbedrohlichen Geschehnissen“ (Bürgin, 1978, S. 274) alleine gelassen ist, was jene Beunruhigung noch verstärkt und weitere seelische Belastungen erzeugt (vgl. Kliman, 1973, S. 39, S. 44f.).

Allerdings ist zu bedenken, daß jede auf das Erleben und Verhalten sterbender Kinder ausgerichtete Maßnahme in einen äußerst sensiblen Bereich stattfindet und, so sie altersgerecht sein soll, sowohl soziale Einfühlsamkeit und gesprächstechnische Kompetenz verlangt. Das Kind braucht einen authentischen Gesprächspartner, „der imstande wäre, im gesamten Gefühlsbereich von Befürchtungen und sich verdichtenden Gewißheiten sowohl mitzuschwingen wie auch sich zurückzunehmen" (Bürgin, 1992, S. 378) und der auch den kognitiven Entwicklungsstand und die Konzeptualisierung des eigenen Todes durch das Kind zu berücksichtigen hat. Wittkowski (1991, S. 318) meint, daß eine auf die Verständnismöglichkeiten und die psycho-sozialen Bedürfnisse sterbender Kinder abgestimmte Betreuung auf die Ergebnisse psychologischer Grundlagenforschung angewiesen sei.

Bei Jugendlichen und Adosleszenten, die ein differenziertes Todeskonzept mit seinen sömtlichen Komponenten wie Universalität, Irreversibilität, Nonfunktionalität, und einem Verständnis der Todesursachen ausgebildet haben, ergibt sich, wenn man die Beobachtungen aus der therapeutischen Praxis mit Hinweisen aus der Grundlagenforschung kombiniert, folgendes Bild. Zunächst wird die Tatsache des bevorstehenden Lebensendes zur Gewißheit - selbst in Fällen, in denen versucht wird, dem Jugendlichen die tödliche Krankheit vorzuenthalten, sickert diese Information doch allmählich durch. Dieser Situation kann entweder durch das Einsetzen von Verneinungs- und Verdrängungsprozessen (aus psychoanalytischer Sicht als defensive Egoprozesse bezeichnet) begegnet werden oder durch Bewältigungsprozesse („coping"). Im ersten Fall würde etwa ein krebskranker Jugendlicher versuchen, so zu tun, als existiere die Erkrankung nicht oder sei leicht heilbar - eine Verteidigungsform, die früher oder später scheitern muß. Im zweiten Fall wird die Unausweichlichkeit des Geschehens schließlich akzeptiert, wobei das Bestreben besteht, ein Grundmaß an Wohlbefinden und Schmerzfreiheit und der Bewahrung sozialer Kontakte zu erreichen und z.T. auch die Erfüllung religiöser Bedürfnisse zu sichern (Rosemeier, 1983, S. 71ff.; zusammenfassend auch La Farge, 1987).

Trotz der kognitiven Ausreifung sind gerade beim Jugendlichen massive Verdrängungsprozesse nicht unwahrscheinlich, da die Gewißheit des einsetzenden Kräfteverfalls und der Beschneidung motorischer und sozialer, auch libidinöser Bedürfnisse in allzu krassem Gegensatz zu den erwachenden Autonomiebestrebungen steht (vgl. Bürgin, 1992, S. 381). Deshalb wird empfohlen, dem sterbenden Jugendlichen die Ernsthaftigkeit seiner Erkrankung erkennen zu geben, darauf hinzuweisen, „daß es auf eine enge Zusammenarbeit zwischen Personal und Patient für eine erstrebenswerte Linderung oder Besserung ankommt", und realistische Möglichkeiten der Besserung zu thematisieren (nach Rosemeier, 1983, S. 75).

Für Kinder, die jünger als acht Jahre sind, ist auf dem gegenwärtigen Stand der Forschung schwer zu beurteilen, ob sie im Falle einer lebensbedrohenden Erkrankung ihren bevorstehenden Tod realisieren und Furcht davor haben (Wittkowski, 1991, S. 318). Das heißt natürlich nicht, daß eine Strategie des Schweigens und Beschwichtigens gegenüber sterbenden Kindern verantwortbar wäre. Die Kinder reagieren auf die massiven Belastungen durch die Erkrankung und leiden darunter. Sie benötigen emotionalen Halt, der nicht auf der Grundlage ängstlichen Ausweichens und verlegener „Notlügen" zu vermitteln ist. Auch junge Kinder sind in der Lage, Informationen über das eigene Sterben aufzunehmen und wiederzugeben. Aber ihr Verständnis vom Tod und das, wovor sie Angst haben, ist nicht dasselbe wie bei Jugendlichen und Erwachsenen.

Ein Beispiel von Kliman (1973) kann den Unterschied verdeutlichen. Kliman berichtet über die intensive psychoanaltyische Arbeit mit einem 4 1/2jährigen leukämiekranken Jungen:

„CHARLES Erfahrungen mit Empfindungen von Schwäche, Erschöpfung, den subtilen Erlebnissen der Veränderung des Körperbildes und die Wahrnehmung schmerzhafter medizinischer Prozeduren waren alle Teil einer «Angsterfahrung». Diese Angsterfahrung wirkte - so vielfältig sie war - potentiell, wenn nicht gar aktuell pathogen dadurch, daß Informationen von den Eltern über Zweck und Bedeutung dessen fehlten, was getan wurde, um ihm zu helfen....

..es gelang [VERNICK und KARON], ihren Patienten in der Folge aktiv und konstruktiv bei der Bewältigung realistischer Angsterfahrung zu helfen. Sie berichten, daß Rückzugsverhalten, Depression und Verhaltensstörungen, die auf Leukämiestationen so häufig sind, merklich abnahmen. Bis zu diesem Punkt tendierte CHARLES' Behandlung dazu, die Befunde von VERNICK und KARON zu bestätigen. CHARLES konnte seine eigene Unheilbarkeit und den drohenden Tod verbalisieren. Sein Verständnis dieser Dinge war altersentsprechend unreif und fehlerhaft wie seine sexuellen Vorstellungen. Er glaubte an die Unvollständigkeit und Umkehrbarkeit des

Todes in einer Weise, die mit seinem Glauben an die Fähigkeit eines Bullen, ein Kalb zu tragen, vergleichbar war. Er schien sich viel besser zu fühlen, wenn er über seine Krankheit, Ängste und Phantasien reden konnte." (Kliman, 1973, S. 54f.)

Da nur relativ wenige Ergebnisse vorliegen, kann die Frage nach dem Einfluß einer unheilbaren oder zum Tode führenden Erkrankung auf das allgemeine Todeskonzept solch junger Kinder noch nicht abschließend beantwortet werden. Walco (1984) anhand einer großen Stichprobe (n = 188) von 3 - 14jährigen, in der sowohl todkranke als auch chronisch kranke (ohne direkte Lebensgefahr) und gesunde Kinder vertreten waren, keinen statistisch relevanten Beleg dafür, daß der Gesundheitszustand der Kinder die Reife des Todeskonzeptes beeinflußte. Der Reifegrad wurde bei Walco anhand der bereits vertrauten Komponenten der Irreversibilität, Universalität, Nonfunktionalität und Kausalität operationalisiert. Es war auch kein Beleg dafür auffindbar, daß diese über halbstrukturierte Interviews erfaßte Reife des Todeskonzepts durch Begreifen der im eigenen Körper ablaufenden Krankheitsprozesse gefördert wurde. Als einziger, überaus dominanter Prädiktor für die Todeskonzeptreife erwies sich das „Intrelligenzalter" (mental age) der Probanden.[13] Allerdings ist bei der Art der verwendeten Methodik (lineare Regression) niemals auszuschließen, daß feinere Effekte von globalen Trends überlagert werden und so nicht feststellbar sind

13 Das Intelligenzalter gibt an, welchem Altersdurchschnitt die Testleistung einer Person entspricht. Der Wert weicht entsprechend dem Entwicklungsstand vom chronologischen Alter ab.

(vgl. hierzu auch die Ausführungen von Cook & Campbell, 1979, S. 40 ff., zur „statistischen Sensitivität").

Die meisten in der Literatur berichteten Informationen über spezifische, den Tod und das Sterben betreffende Konzeptualisierungen, Ängste und Hoffnungen todkranker jüngerer Kinder entstammen der therapeutischen Praxis. Dabei zeigen auch die jüngsten Patienten interessante und - selbst noch aus der Distanz des Lesers - anrührende Bemühungen, mit ihrer belastenden Situation umzugehen. Ein Nonfunktionalität, Irreversibilität und Universalität beinhaltendes „reifes" Todeskonzept kann allerdings zumeist nicht ausgemacht werden. Häufig werden regressive Prozesse beim Kind berichtet. Es kann die Diskrepanz zwischen der subjektiven Repräsentanz seines Idealselbst (wie es gerne sein möchte) und seines Realselbst (konkretes Befinden, einschließlich der erlebten körperlichen Verfassung) nicht bewußt bewältigen und ist zunehmend auf Rückzüge in die Phantasie oder auf eine Regression auf die magische Ebene mit ihren animistischen Weltdeutungen angewiesen, um die auseinanderklaffenden Pole von Wunsch und erlebter Wirklichkeit zu verbinden (vgl. Bürgin, 1992, S. 380f.).

Auch in den Phantasietätigkeiten können Angst und Leidensdruck zum Ausdruck kommen. Der von Kliman (1973, S.44 ff) geschilderte leukämiekranke Charles bestand z.B. darauf, eine menschliche Gestalt mit zusätzlichen Gliedern zu zeichnen: „Das Kind fühlt vielleicht, daß es schön wäre, einige zusätzliche Glieder zu haben für den Fall, daß es mit seinem Körper Sorgen hätte und diese extra Glieder vielleicht bräuchte." Dennoch fällt auf, daß viele Kinder - betrachtet man nur das overte Verhalten - scheinbar ohne Kontaktrückzug,

Verneinungen, Wutausbrüche oder Schuldgefühle dem Tod entgegengehen.

Eine interessante, aber doch recht spekulative Hypothese über kognitive und erlebnismäßige Bewältigungsprozesse bei todkranken Kindern postuliert Tessler (1979). Er verglich anhand verschiedener testpsychologischer Instrumentarien zwei Gruppen von Schulkindern miteinander, 27 todgeweihte und 27 nicht lebensbedrohlich erkrankte Kinder. Die Gruppen wiesen keine Altersunterschiede auf (beide Gruppen waren im Mittel 9,1 Jahre alt) und waren bezüglich Intelligenz und Geschlechtsverteilung einander ähnlich. Auffällig war, daß die sterbenden Kinder - verglichen mit der Gruppe der nicht lebensbedrohlich erkrankten Kinder - höhere Empathiewerte, tiefere und mitfühlendere Beziehungen zur Umwelt, eine generell reifere emotionale Entwicklung, aber auch eine wesentlich stärker ausgeprägte tragische Grundstimmung aufwiesen (Tessler, 1979, S. 80 ff.). Tessler interpretiert diese Daten folgendermaßen: die Kinder der untersuchten Altersstufe verfügen noch nicht über ein differenziertes Konzept von Tod und fassen diesen auch als eine Strafe für „böses Benehmen" auf; sie glauben, ihr Leiden und Sterben durch „braves Benehmen" aufhalten zu können: „Möglicherweise versucht das Kind, den bevorstehenden Tod durch besonders gutes Benehmen, Folgsamkeit und die Imitation abzuwenden" Tessler, 1979, S. 85). Dieses overte Verhaltensmuster werde im Laufe der Zeit verinnerlicht, es erzeuge „eine Reihe von echten Gewohnheiten und Verhaltensweisen, die dieses empathische, beherrschte und reife Verhalten zur zweiten Natur machen" (Tessler, 1979, S. 86). In Ermangelung zusätzlicher Daten ist kein abschließendes Urteil über diese Deutung möglich; Skepsis ist hier sicherlich angebracht.

Zusammenfassend betrachtet läßt sich feststellen, daß die Konfrontation mit dem bevorstehenden eigenen Tod intensiven Niederschlag im Erleben und Verhalten von Kindern und Jugendlichen findet und unter anderem Verdrängungsmechanismen und Regression auslöst, aber auch eine gesteigerte Sensibilität im sozialen Kontakt. Eine Beschleunigung der Entwicklung eines differenzierten Todeskonzeptes mit den Komponenten der Irreversibilität, Universalität, Nonfunktionalität und Kausalität bei sterbenden jüngeren Kindern ist derzeit nicht nachweisbar, allerdings ist die Datenbasis zu dieser Fragestellung bislang äußerst schwach.

C 2 Gewalt und Krieg

Tödliche Krankheiten wie Leukämie dringen in der Regel erst allmählich in das Bewußtsein dringen, die Begegnung mit Kriegsereignissen oder Gewaltakten tritt dagegen zumeist recht abrupt ein. Dadurch bewirkte Schockerlebnisse und akute Traumata finden sich bei Kindern und Jugendlichen nicht selten. (vgl. Spiel, 1977, 1981). Im Rahmen ihrer psychotherapeutischen Arbeit betreute Bogyi (1987) auch Kinder, die bei der Ermordung eines Elternteils oder von Geschwistern (häufig durch den Vater) zugegen waren oder aber selbst Opfer schwerster Mißhandlungen waren. Sie teilt den Verlauf des psychogenen Schocksyndroms, das durch die Erfahrung solcher Gewaltakte ausgelöst wird, in folgende Phasen ein:

- Als unmittelbare Reaktion erscheint Panik mit „Schreien, Flucht und massiven Angstreaktionen“, manchmal auch „totales apathisches Verhalten“.

• Hieran schließt sich eine längerfristige Phase des Verdrängens „mit einem geradezu aktiven Widerstand gegen die Bewußtmachung und Besprechung der Vorfälle des schockierenden Ereignisses" an. „Es hat den Anschein, als ob alle Kräfte der kindlichen Persönlichkeit aufgewendet würden, um dieses Ereignis ungeschehen zu machen, zu verleugnen, zu verdrängen, oder aber in der Phantasie zu bearbeiten".
• Langfristig, im Bereich von Monaten, können sich dann tiefgreifende Störungen der Persönlichkeitsentwicklung mit neurotischen Zügen, sozialem Rückzug, Kontaktproblemen, psychosomatischen Störungen (auch Ticsymptomatik), sowie aggressiven Verhalten (als Angstabwehr) einstellen, sofern nicht die therapeutische Möglichkeit zur Auseinandersetzung mit dem Erlebten gegeben wird. (nach Bogyi, 1987, S. 294f.)

Der Therapieansatz muß sich insbesondere auf die in allen Altersgruppen der Kinder generalisierte Angst vor Gewalt und Tod (Angst vor Menschen oder Orten, die Ähnlichkeiten mit denen der Tat aufweisen) konzentrieren. Im Rahmen therapeutischer Prozesse erscheint mittelfristig eine beschleunigte Differenzierung des Todeskonzeptes bei den jüngeren Kindern möglich (früheres Begreifen von Nonfunktionalität, Irreversibilität, Kausalität und Universalität). Ohne therapeutische Hilfestellung ist eine Überforderung des Kindes mit - auf Tod und Sterben bezogen - undifferenzierten und abnormen Verdrängungsprozessen wahrscheinlich: „Das Verheimlichen oder Beschönigen des Todes oder der Umstände erschwert das Erfassen des schmerzvollen Ereignisses für das Kind, weil es mit seinen Phantasien und Ängsten alleine bleibt." (Bogyi, 1987, S. 299) Langfristig kann sogar der Entwicklung einer resignativen Weltanschauung Vorschub geleistet werden.

Die unmittelbare Betroffenheit durch Kriegsereignisse löst bei Kindern und Jugendlichen ebenfalls massive Verdrängungs- und Verleugnungsprozesse aus; es finden sich sogar Belege dafür, daß Prädoleszenten und Adoleszenten in Kriegsgebieten niedrigere Depressivitätswerte als entsprechende Jugendliche in friedlichen Gebieten aufweisen (Al-Adsani, 1991). Es könnte sich dabei freilich um das Ergebnis aktiver Verdrängungsleistungen handeln. Abgesehen von vereinzelten Fallbeispielen aus der therapeutischen Praxis liegen empirische Daten zur Thematik „Todeszeitmodelle und Krieg" nicht vor, zumal die betroffenen Kinder, z.B. Flüchtlinge aus dem Libanon oder aus Bosnien, häufig traumatisiert sind und aus ethischen Gründen für solche Forschungsprojekte nicht zur Verfügung stehen.

D. Selbstbestimmte Zeit: der Suizid

D 1 Zur Bedeutung suizidärer Akte bei Kindern und Jugendlichen

Der Suizid wird als eine nur dem Menschen vorbehaltene Option beschrieben. Oschlies (1979, S. 211) spricht von der menschlichen „Fähigkeit, bewußt und freiwillig dem eigenen Leben ein Ende zu setzen", in der er sich unterscheidet „von allen anderen Wesen ... und von den Tieren, deren angebliche Selbstmorde (Pelikane, Lemminge) ins Reich der Fabel gehören". In dieser Definition klingt ein Verständnis von Freiwilligkeit an, in dem subjektives Freiheitserleben mit objektiver Freiheit gleichgesetzt wird. Bei Apologeten und Befürwortern des „Freitodes" (z.B. Améry, 1991; Bleischwitz, 1986; Kuitert, 1990) und der aktiven Euthanasie (z.B. Kennedy, 1991; Kuitert, 1991; vgl. Simon, 1985) pflegt eine solche Freiheitskonzeption im Zentrum der Argumentation zu stehen. Die freie Verfügung über das eigene Leben, der „Weg ins Freie", gegangen „im Namen von Humanität, Dignität und Libertät" (Améry, 1991, S. 153) wird dabei zur höchsten menschlichen Freiheit stilisiert. Könnten wir im Kindesalter unbesehen ein Konzept des Suizides als Freitod, als „entschlossene Abkehr vom Leben" (Nöhring, 1982, S. 149) unterstellen, so würde das Auftreten kindlicher Selbsttötungen möglicherweise etwas darüber aussagen, wann junge Menschen die Reife zur Verfügung über ihr eigenes Leben erlangen.

Wir wollen diesen Standpunkt hier keineswegs übernehmen. Er ist ohnehin kontrovers - Verteidiger und Befürworter des Suizids als eines freien Todes schreiben bewußt gegen eine als übermächtig empfundene Mehrheitsmeinung an. Für Kinder, deren Todesverständnis noch im Fluß ist, erscheint die Vorstellung vom Freitod noch weniger plausibel als für erwachsene Menschen. Die Existenz der Freitodliteratur macht jedoch eines nachdrücklich klar: es nur dann möglich, aus der Literatur über Suizide und Suizidversuche bei Kindern und Jugendlichen Rückschlüsse auf die Entwicklung des Todeskonzeptes zu ziehen, wenn wir ausreichende Klarheit über die Funktion und die subjektive Bedeutung solcher Handlungen gewinnen: welches Ziel verfolgt ein Mensch, und speziell ein Kind oder ein Jugendlicher, der seinem Leben ein Ende setzen will?

Zur Frage der „Freiheit zum Tode"

Der Freiheitsbegriff, der dem Begriff des „Freitodes" zugrunde liegt, ist eine höchst problematische Konstruktion. Er übergeht, daß auch subjektiv freie Entscheidungen ihre Gründe haben: der Freitod ist auch eine Reaktion auf eine unerträglich erscheinende Lebensumwelt. Zieht man sich auf die Freiheit zurück, in dieser Umwelt nicht mehr leben zu wollen, so wird damit stillschweigend vorausgesetzt, daß sie notwendig so unerträglich sein muß, wie sie dem Suizidgefährdeten erscheint. Améry (1991) bezieht explizit diese Position, wenn er die Freiheit des „Suizidärs" mit der existenzphilosophisch begründeten Unerträglichkeit des Daseins *an sich* verteidigt:

„Der Kontrahent, wenn er sagt, es sei das Leben als Leben-zum-Tode absurd, es erwecke Ekel in seiner Lügen-Opazität, die Todesneigung sei die einzige Haltung, die der Seinslast gemäß sei, und der Gott des Anderen sei vorstellbar nur als Demiurg, und der Freitod als Entschluß und Akt, wenn auch nicht als Ergebnis, sei Antwort auf alle unlösbaren Fragen, die gestellt werden dürften auch ohne Hoffnung auf Antwort - er ist in besserer Position..." (Améry, 1991, S. 152).

Ohne die Festlegung, daß das Leben *grundsätzlich* nicht lebenswert sei, ist das Konzept des „Freitodes" in Frage zu stellen. Schon Durkheim (1973/1897) wies darauf hin, daß Suizide von Umweltbedingungen zumindest mitbedingt werden. Seit seiner klassischen Studie wird die soziale Komponente des Suizides allgemein akzeptiert. Auch in der medizinsoziologischen Suiziddiskussion gilt die Annahme einer konstitutionell bedingten Suizidbereitschaft nicht mehr als plausibel (vgl. Kuntze, 1991, S. 40). Allerdings lassen sich in der Familiengeschichte von Suizidanten in der Mehrgenerationenperspektive mehr frühe Todesfälle nachweisen als in den Familien anderer Personen.

Die auslösenden Bedingungen für Suizide bei Erwachsenen sind vielfältig, sie reichen von innerfamiliären Konflikten über Beziehungsprobleme und materielle Sorgen bis hin zu generellen Sinngebungsstörungen (Bron, 1992; s.a. Klemann, 1981, S.25); für Suizide von Kindern und Heranwachsenden werden besonders Schulschwierigkeiten, familiäre und häusliche Probleme, Einschränkungen der Gemeinschaftsfähigkeit und Liebeskummer als Auslöser angeführt (Oschlies, 1979, S. 229ff.). Die Entscheidung zur Selbsttötung erscheint unter diesem Gesichtspunkt jedenfalls nicht als objektiv freier Entschluß, sondern als Ergebnis sozialer Interaktion. Besonders dramatisch tritt das in Falldarstellungen von Familien zutage, in denen sich Suizid-Traditionen herausgebildet haben (Klemann, 1981, 1984).

Auffällig sind auch familiäre Feindseligkeiten, bei denen dem späteren Suizidopfer durch die Mutter oder durch andere Bezugspersonen der Tod gewünscht wird (Sperling, 1980, S.29) - Sperling erinnert in diesem Zusammenhang an eine Bemerkung von Paul Federn (1910): „Niemand tötet sich selbst, den nicht ein anderer tot wünscht". Es erscheint also durchaus möglich, daß bereits in der Kindheit des Suizidanten oder Suizidgefährdeten eine „Brüchigkeit der Existenz" vorliegt, „deren Hauptkomponente eine unbewältigte Trauerarbeit ist" (Sperling, 1980, S.28). Wienforth (1985, S. 366f) vermutet, daß bei einer solchen Problematik im Familienumfeld dem Individuum ein „Trend zum Tod" vermittelt wird, und daß sie - im Sinne eines Totenkults aufgrund der unbewältigten Trauerarbeit - auch die Erklärung für die „aggressiven Äußerungen der Lebenden" liefert, beispielsweise für destruktive Verhaltensformen bei Müttern späterer Suizidanten.

Aus soziologischer Perspektive erscheint es demnach sinnvoll, suizidäre Akte nicht als individuelle Entscheidungen zu betrachten, sondern sie in ihrer sozialen Funktion zu verstehen, z.B. als Hilferuf, Flucht oder Zeichen der Resignation. Aus psychologischer Sicht wird die vermeintliche Freiheit des Freitodes dadurch in Frage gestellt, daß die Betreffenden sich vor der suizidalen Handlung in einem Zustand ausgeprägter emotionaler und psychischer Turbulenz befinden. Im Falle von Kindern schließlich ist das Freiheitspostulat schon aufgrund ihres Entwicklungsstandes nicht haltbar, wie im folgenden noch eingehend gezeigt wird.

Täter und Opfer - Vergleich mit „tötenden Kindern"

Der Suizid hat zwei Gesichter. Er ist sowohl Lebensende als auch Tötung, Aggression ebenso wie Flucht. Der Suizidant ist zugleich Täter und Opfer, ein Vergleich mit „tötenden Kindern", die ihren Angriff gegen andere richten statt gegen sich selbst, ist deshalb von Interesse.

Das verfügbare Datenmaterial gestattet allerdings nur sehr vorläufige Aussagen. In der Regel liegen nur Berichte über Täter vor, die in dem jeweiligen Land bereits als strafmündig gelten. Als jüngste Täter gelten z.B. in England zwei zur Tatzeit zehnjährige Jungen, zuvor war die zum Tatzeitpunkt elfjährige Mary Bell, deren Fall ausführlich dokumentiert wurde, die jüngste Angeklagte. Die von Gardiner (1979) beschriebenen tötenden „Kinder" waren im Alter zwischen 14 und ca. 19 Jahren; ebenso handelt es sich bei den von Lempp (1977) dokumentierten Fällen um Jugendliche und Heranwachsende.

Obwohl in allen von Gardiner dargestellten Fällen eine traumatische Entwicklung bis in die früheste Kindheit zurückverfolgt werden konnte, fällt die eigentliche Tat in eine Altersstufe, in der die Unumkehrbarkeit und Endgültigkeit des Todes ebenso verstanden werden dürfte wie die grundlegenden Todesursachen. In der Tat ist es gerade die Endgültigkeit des Todes, die diese Jugendlichen zu bewegen scheint: z.B. den Peiniger endgültig loszuwerden. Über die kognitiven Voraussetzungen der Entwicklung des Konzeptes vom natürlichen Tod können solche Fallberichte mithin keinen Aufschluß geben.[14] Daß Kinder an der oberen Grenze des konkret-

---

14 Tötungsdelikte sind bei jüngeren Kindern wohl möglich, werden aber wegen Strafunmündigkeit nicht als solche gewertet oder nicht erkannt und als Unfälle angesehen (Sereny, 1978). Wie oben erwähnt, kann das Konzept des *Tötens* eher erworben werden als das des *Todes*.

operatorischen Entwicklungsstadiums das präoperative Denken überwunden haben, ist trivial.

Was bei den von Gardiner porträtierten Jugendlichen auffällt, ist ihre geringe emotionale Reife. Ihre Sichtweise bleibt insofern egozentrisch, als die Gefühle des Opfers außer Betracht bleiben. Besonders prägnant ist in dieser Hinsicht „Rose", ein 16jähriges Mädchen, das sich nach jahrelanger, extremer Zurücksetzung an ihrem Vater rächte, indem sie den vom Vater vergötterten jüngeren Bruder tötete. Sie rechnet sich die Wirkung dieses Verlusts auf ihren Vater richtig aus, aber zur Perspektivenübernahme ist sie nicht mehr fähig. So bleibt ihr schließlich das Gefühl des letzten Triumphs - „mein Vater wird das nie überwinden, nie, nie, nie".

Geplantes Töten scheint an eine gefühlsmäßige Entfremdung vom Opfer gebunden zu sein, sei es infolge einer generellen Unfähigkeit zur Perspektivenübernahme oder „blinden" Haß, z.T. unterstützt durch Ausgrenzung des Opfers als „etwas weniger als menschlich" (Middlebrook, 1972). Die vorliegenden Fallberichte weisen dabei eher auf einen defizitären Sozialisationsverlauf als auf eine reine Reifungsverzögerung hin: Kinder, die weitgehend als Objekt anderer und ohne die Erfahrung empathischer Kontakte aufwachsen, bleiben aufgrund ihrer Interaktionsgeschichte leicht in einer gefühlsmäßigen Egozentrik gefangen und weisen Defizite in der Perspektivenübernahme auf. Dadurch wird die Instrumentalisierung des Opfers begünstigt oder überhaupt erst ermöglicht.

Ähnlichkeiten zwischen den Erfahrungshintergründen jugendlicher Täter und denen jugendlicher Selbstmörder sind durchaus vorhanden. Die von Sabbath (1969) beschriebene suizidbegünstigende Familienkonstellation des „entbehrlichen Kindes" trifft zum Beispiel nach Serenys (1978) Beschreibung ebenso auf Mary Bell zu. Auch im Verhalten „tötender Kinder" und jugendlicher Suizidanten gibt es Parallelen. Aggressive und suizidale Vorstellungen können parallel oder abwechselnd auftreten. Suizide können ein Versuch sein, die Umwelt und die persönlichen Beziehungen zu manipulieren, sie können auch den Charakter eines an die Umwelt gerichteten Hilferufs haben (Orbach, 1990, S.174 ff.) - Eigenarten, die auch im Verhalten von Mary Bell hervorgehoben werden (Sereny, 1978).

Diese Anmerkungen können eine umfassendere Analyse nicht ersetzen. Man kann verschiedene Typen sowohl von Tötungsdelikten als auch von Suiziden bilden. Im allgemeinen wird die auf die eigene Person gerichtete Aggression des Suizidanten häufiger mit symbiotischen, nach außen abgeschotteten Familiensystemen in Verbindung gebracht, während vor allem Tötungsdelikte „aus Übermut" (Lempp, 1977, S. 104ff) mehr mit Beziehungslosigkeit korrespondieren; andererseits sind auch ein erheblicher Teil der von Lempp berichteten Fälle Beziehungstaten. Was im Einzelfall ausschlaggebend dafür ist, ob die Aggression gegen andere oder gegen die eigene Person gerichtet wird, muß offen bleiben. Was jedoch selbst ein flüchtiger Vergleich in dramatischer Weise zeigt, sind drei Gemeinsamkeiten.

- Es findet sich keine eindeutige Beziehung zwischen Tötung oder Suizid und Auffälligkeiten in der kognitiven Entwicklung.
- Tötung und Suizid bilden in der Regel den Endpunkt einer Geschichte gestörter, das heißt, symbiotisch-

einengender oder unsicherer und gleichgültiger Beziehungen.

• Beide Handlungen erwachsen aus defizitären emotionalen Beziehungen zu anderen Menschen, entweder in der Form ausgeprägter gefühlsmäßiger Abhängigkeit oder ausgeprägter Bindungslosigkeit.

Für unsere Fragestellung liegt die Vermutung nahe, daß beide Verhaltensformen auf dem Hintergrund defizitärer Entwicklungen betrachtet werden sollten. Sie sind der Ausfluß *fehlender* sozialer Kompetenzen der Kinder - Erklärungen auf der Basis einer *beschleunigten* Entwicklung in diesem Bereich, wie die „Freitod"-Konzeption sie nahelegt, sind wenig plausibel, besonders wenn es um Kinder und Jugendliche geht.

D 2 Die Häufigkeit von Suiziden und Parasuiziden

Die allgemeine Suizidrate ist seit Beginn der Todesursachen-Statistik im 19. Jahrhundert deutlich gestiegen; sie unterscheidet sich in verschiedenen Ländern erheblich. In den westlichen Ländern hat sie sich in den letzten Jahren jeweils auf einem relativ stabilen Niveau eingependelt, z.B. in den U.S.A. zwischen 10.8 und 12,2 (Fälle auf 100.000 Einwohner.), in der BRD zwischen 19,3 und 21; Spitzenreiter in Europa ist Ungarn, wo Oschlies (1979, S. 216) für 1974 einen Wert von 40,7 bei steigender Tendenz angibt. Sowohl absolut als auch im Vergleich zu dominanten Todesursachen wie Herzerkrankungen (U.S.A.: 281,1 für 1991) erscheinen Selbsttötungen damit zunächst als relativ seltene Ereignisse - immerhin sind sie häufiger als z.B. Tod durch Leberzirrhose. Berücksichtigt man die Dunkelziffer, z.B. als Unfall getarnter Selbsttötungen (vgl. Phillips, 1986), die beträchtliche Zahl versuchter

Selbsttötungen, oder den Aufstieg von Suizid-Propagandisten wie der Deutschen Gesellschaft für Humanes Sterben[15], so kann der Suizid keineswegs mehr als randständiges Phänomen gelten.

Die Selbstmordrate von Kindern ist - verglichen mit derjenigen Erwachsener - verschwindend gering. Diese Konstellation findet sich sowohl im europäischen als auch im angloamerikanischen Raum. So kommen beispielsweise nach amtlichen Statistiken im nordamerikanischen Raum bei den Fünf- bis Neunjährigen 0,02 Selbstmorde auf 100.000 Repräsentanten dieser Altersgruppe (d.h. es würde ein registrierter vollendeter Suizid auf 5 Millionen Kinder zwischen 5 und 9 Jahren entfallen); bei den Zehn- bis Vierzehnjährigen beträgt die entsprechende Anzahl 1,51. Ein drastischer Anstieg ist erst bei den Fünfzehn- bis Neunzehnjährigen zu erkennen: hier kommen auf 100.000 Personen 12,75 vollendete Suizide (nach Normand & Mishara, 1992, S. 184) - ein Wert entsprechend der Suizidrate der Erwachsenen in den U.S.A.. Auch Shaffer (1974) weist auf die extrem geringe Suizidhäufigkeit der unter Vierzehnjährigen hin, bemerkt allerdings dazu, daß Selbstmorddrohungen und Parasuizide in der kinderpsychiatrischen Praxis nicht selten seien. Specht und Schmidtke (1986) verweisen für die BRD auf eine Zunahme der - insgesamt sehr niedrigen - Suizidrate ab dem 10. Lebensjahr; die in den Massenmedien berichtete drastische Zunahme der Suizidrate bei Kindern ist statistisch nicht belegt. Im Unterschied zu Kindern steht bei Jugendlichen und Adoleszenten der Suizid neben Unfällen an der Spitze der Todesursachen (Kuntze, 1991, S. 29).

---

15 vgl. DER SPIEGEL, 47(8), 22. Februar 1993, S. 90-101.

Es ist freilich möglich, daß die tatsächliche Suizidrate bei Kindern und Jugendlichen durch diese Statistiken unterschätzt wird, da dieser Altersgruppe - im Gegensatz zu Erwachsenen - eine suizidale Intention häufig abgesprochen wird, so daß Suizide fälschlich als „Unfälle" oder „uneindeutige Todesursache" klassifiziert werden (vgl. Hoberman & Garfinkel, 1988). Trotz dieses Vorbehalts bleibt festzuhalten, daß die Suizidrate der unter zehnjährigen Kinder extrem gering ist und daß diese Rate spätestens nach dem 14. Lebensjahr, also in Pubertät und Adoleszenz, steil ansteigt. Für diese älteren Gruppen stellen suizidale Tendenzen eine ernstzunehmende Gefährdung dar, die vorbeugender psychohygienischer Maßnahmen bedarf (vgl. Nöhring, 1982).

In den folgenden Abschnitten wird die Frage nach der Entwicklung des Freitodkonzeptes bei Kindern aufgeworfen: inwieweit ist es überhaupt nachzuweisen, ab welchem Zeitpunkt beginnt die kindliche Konzeption, sich zu differenzieren und derjenigen Erwachsener anzunähern, und welche Faktoren beeinflussen den Ablauf dieser Entwicklung? Der suizidale Akt setzt keineswegs eine „reife" Einschätzung seines Ziels voraus, die Suizidforschung ist deshalb nicht der Königsweg zur Kenntnis der Entwicklung kindlicher Todeskonzepte. Die vorhandenen Studien kindlicher Suizide und Parasuizide geben aber doch einige einschlägige Hinweise. In Abschnitt D.3 stehen die alters-, also lebenszeitabhängigen Faktoren im Vordergrund:

- *Welche* personalen und situativen Variablen sind maßgebend für den geschilderten alterstypischen Verlauf der Suizidrate?

• Welche personalen und situativen Merkmale sind kennzeichnend für die wenigen Suizidanten im Kindesalter und unterscheiden sie von ihren Altersgenossen?

Abschnitt D.4 widmet sich dem bislang noch recht schwach erforschten Bereich kindlicher präsuizidaler Phantasietätigkeit.

D 3 Determinanten des kindlichen Suizidkonzepts in der Alters- und Lebenszeitperspektive

Die Entwicklung des kindlichen Suizidkonzepts ist bislang in der Forschung nicht eingehend gewürdigt worden, jedoch kristallisiert sich immer mehr heraus, daß Kinder früher als landläufig vermutet ein detailliertes Verständnis vom Suizid haben und sich darüber Gedanken machen. Wie bereits angemerkt, sind suizidale Gedanken bei Kindern wesentlich verbreiteter, als man nach der extrem geringen Rate vollendeter kindlicher Suizide annehmen müßte. In einer Studie von Pfeffer, Lipkins, Plutchik & Mizuchi (1988), die psychiatrisch unauffällige Schulkinder zwischen 6 und 12 Jahren befragten, gaben 8,9% der Probanden an, sie hätten schon einmal daran gedacht, sich zu töten; 2% dieser Schulkinder berichteten von Selbstmorddrohungen oder -versuchen. Normand & Mishara (1992) untersuchten drei Stichproben französisch-kanadischer Schulkinder: 20 Erstkläßler (Altersdurchschnitt: 6,3 Jahre), 20 Zweitkläßler (Durchschnitt: 8,4 Jahre) und 20 Fünftkläßler (Durchschnitt: 10,4 Jahre). Sie fanden bei 95% der befragten Fünftkläßlern, also bei den Zehn- bis Elfjährigen, ein fundiertes Verständnis des Begriffs „Suizid"; bei den Acht- bis Neunjährigen waren es immerhin 50% und bei den Sechs- bis Siebenjährigen noch 10%. Diese Häufigkeiten insofern besonders aussagekräftig, als die

Autoren eine recht strenge Operationalisierung eines „fundierten" Suizidverständnisses verwenden. Dazu gehört zunächst die Kenntnis des Wortes „Suizid" (das französische 'suicide' gehört im französischsprachigen Kanada zur Umgangssprache, anders als im Deutschen). Ferner mußten die Kinder wissen, daß es sich um eigenbestimmtes und geplantes Sterben handelt; sie mußten beispielsweise den Unterschied zwischen Suizid und Tod angeben. Das Wissen um die psychosoziale Dynamik des Suizids und um Selbsttötungsmotive wurde erhoben mit Fragen wie: „Können Tiere Suizid begehen?" oder „Warum wollen manche Menschen Suizid verüben?" Schließlich wurde auch das Wissen um verschiedene Methoden der Selbsttötung als Bestandteil eines fundierten Suizidkonzepts definiert. Die wichtigste diskriminierende Variable für die Differenziertheit des kindlichen Suizidkonzepts war in dieser Untersuchung das Lebensalter der Kinder. Ein vergleichbares Ergebnis war bereits zuvor von Carlson, Asarmov & Orbach (1987) in einer Studie mit acht- bis dreizehnjährigen israrelischen Schulkindern gefunden worden. Neben der Altersvariable als generellem Diskriminator hat jedoch - ebenso wie bei der Entwicklung des „normalen" Todeskonzeptes - auch der kognitive Entwicklungsstand der Kinder substantielle Bedeutung. Kognitive Entwicklung und Differenziertheit des Suizidkonzepts korrelieren positiv miteinander, ebenso ist die Differenziertheit des Suizidkonzepts positiv korreliert mit der Reife des allgemeinen Todeskonzeptes, sowie mit dem Erfahrungsstand der Kinder hinsichtlich Tod und Sterben. Auch konkrete Erfahrungen der Kinder mit Suiziden im Bekannten- oder Familienkreis bedingen ein fundiertes Suizidkonzept (Normand &

Mishara, 1992, S. 195ff.); die kognitive Kompetenz der Kinder interagiert mit ihren Erfahrungen.

Auf der Basis der vorliegenden empirischen Arbeiten läßt sich allerdings nicht eindeutig entscheiden, welchen kausalen Bezügen die Entwicklung des Suizidbegriffs bei Kindern unterliegt. So ist zu erwarten, daß Erfahrungen des Kindes mit dem allgemeinen Bereich von Tod und Sterben auch ein differenzierteres Suizidverständnis ermöglichen, andererseits werden Erfahrungen mit Selbsttötungen im Kreis der Bezugspersonen auch eine Wirkung auf das allgemeine Todeskonzept des Kindes haben. Hinsichtlich des Zusammenhangs von kognitiver Entwicklung und Suizidkonzept ist die Lage eindeutiger: hier läßt sich erwarten, daß die Ausdifferenzierung der kognitiven Akkomodations- und Assimilationsfähigkeiten (vgl. Piaget, 1975) das Verständnis des Suizidbegriffs und die Bewältigung von Selbsttötungserfahrungen im sozialen Umkreis ermöglicht.

Interessant ist, daß bereits bei denjenigen sechs- bis elfjährigen Kindern, bei denen ein Grundverständnis des Suizidkonzepts vorgefunden wurde, eine überwiegend negative Einstellung gegenüber dem Suizid (erfaßt in Kategorien von gut-schlecht, richtig-falsch, krank-gesund, etc.) vorherrscht - eine Konstellation, wie sie sich ebenfalls bei den Erwachsenen als Vorbildern der Kinder zeigt (Marks, 1988; Normand & Mishara, 1992). Die Befundlage ist allerdings nicht eindeutig: Domino, Domino & Berry (1986) fanden bei zwölf- bis vierzehnjährigen Jugendlichen eine eher positive moralische Beurteilung des Suizids, im Gegensatz zu Einstellungen in Erwachsenenstichproben.

Die Entwicklung des Suizidkonzepts könnte bei nicht betroffenen Kindern schlicht als ein Spezialfall des Todeskonzeptes angesehen werden, der sie noch nicht mit der Forderung konfrontiert, das Undenkbare zu denken: das eigene Nichtsein. Ganz sicher ist das nicht - wir haben gesehen, daß Suizidgedanken häufiger auftreten, als die niedrige kindliche Suizidrate erwarten läßt, und so könnte das Thema Suizid auch vermeintlich nicht betroffene Kinder sehr wohl mit dem eigenen Tod konfrontieren. Der Zusammenhang zwischen Suizidgedanken bei psychisch unauffälligen Schulkindern (Pfeffer et al., 1988) und der Differenzierung des Suizidkonzepts muß noch empirisch geklärt werden, vorerst bleiben wir auf Vermutungen angewiesen.

Anders verhält es sich bei kindlichen Suizidanten, bei denen eine - wie auch immer geartete - Auseinandersetzung mit dem eigenen Tod jedenfalls stattgefunden haben muß. Die Suche nach personseitigen wie situativen Variablen, die kindliche Suizidanten von ihren Altersgenossen unterscheiden und somit Aufschluß über das kindliche Denken des eigenen Todes geben, gestaltet sich jedoch aufgrund der sehr geringen Zahl bekannter Fälle schwierig. Die meisten vorfindbaren Ergebnisse resultieren aus Einzelfallstudien, deren Aussagekraft notwendigerweise recht gering bleibt.

Eine Ausnahme ist die Archivuntersuchung von Shaffer (1974), der den Hintergründen der Suizide bei den dreißig zwölf- bis vierzehnjährigen Kindern nachging, die sich in England und Wales zwischen 1962 und 1968 das Leben genommen hatten. Neben demographischen Daten und Schultests konnte er auch über die Hausärzte auf medizinische und neurologische Befunde zurückgreifen. Zusätzlich führte er Interviews mit Mitschülern, Lehrern, Bekannten und Eltern der Suizidanten. Ein direkter Zugriff auf die Verhaltens- und Erlebenswelt der

Betroffenen war aufgrund der nachträglichen Erhebung natürlich ausgeschlossen.

Shaffer beschreibt das von ihm erschlossene Profil der Suizidanten wie folgt. Jungen waren mit ca. 70% deutlich überrepräsentiert - das Überwiegen männlicher Suizidanten läßt sich für den Kinder-, Jugend- und Erwachsenenbereich durchgängig feststellen; vgl. Kuntze, 1991, S.42). Der überdurchschnittliche Anteil männlicher Suizidanten dürfte auf deren geringere Aggressions-, aber auch Autoaggressionsschwelle zurückzuführen sein; es kommt hinzu, daß weibliche Jugendliche oft mehr Zuwendung und Rücksichtnahme erfahren als ihre männlichen Altersgenossen.

Die Suizidanten waren überwiegend bereits in die Pubertät eingetreten; ihr durchschnittlicher Intelligenzquotient lag etwas höher als der Altersdurchschnitt. Auffällig ist, daß ein beträchtlicher Teil der Kinder (46%) bereits vorher Suizidversuche verübt oder mit Suizid gedroht hatte. Im familiären Hintergrund der Kinder waren Belastungsmomente wie z.B. häusliche Schwierigkeiten, Scheidung, „broken-home" - Syndrom, gemütskranke Mütter mit fehlenden emotionalen Bindungen zum Kind, leicht überrepräsentiert, was diagnostizierte emotionale Probleme wie Depressivität, aber auch Aggressivität mitbedingt haben dürfte. Schulprobleme und Konflikte mit Lehrkräften („disciplinary crisis") waren bei 30% der untersuchten Fälle nachzuweisen.

Es ist erkennbar, wie komplex die Anamnese dieser zwölf- bis vierzehnjährigen Suizidanten ausfällt. Zusammenfassend läßt sich konstatieren, daß in diesen Fällen massive emotionale Schwierigkeiten, Probleme im Verhältnis zu Bezugspersonen oder schulische Schwierigkeiten vorgelegen haben müssen, deren subjektive Bewertung die Betroffenen schließlich zu einer bewußten, konsequenten Beendigung des eigenen Lebens geführt hat. Das zeigt sich, außer an dem hohen Prozentsatz voraufgegangener Suiziddrohungen und -versuche, auch am hohen Anteil „harter" Suizidmethoden: 17% der Betroffenen erhängten sich, 10% erschossen sich, 13% nahmen Gift und 43% benutzten Gas.

Die Ergebnisse von Shaffer (1974) werden zum Teil durch eine neuere, methodisch völlig anders ausgelegte Untersuchung bestätigt. Todd (1989) befaßte sich mit aktuellen Suiziddrohungen bei emotional gestörten Kindern und Jugendlichen zwischen 6 und 15 Jahren, die sich in sozialtherapeutischer Behandlung befanden; auch in dieser Stichprobe sind männliche Probanden deutlich überrepräsentiert (70 Jungen, 15 Mädchen). Die Variable mit der höchsten Vorhersagekraft waren Suiziddrohungen und -versuche in den letzten drei Monaten vor der Untersuchung, als erfolgreichste Gruppe von Prädiktorvariablen erwies sich die Kombination von voraufgegangenem suizidalem Verhalten, Depression, und Lebensalter. Die optimale Vorhersage wurde erreicht, wenn zusätzlich die Konfrontation mit Suiziden, somatische Störungen und das Geschlecht in die Vorhersagegleichung aufgenommen wurden - angesichts der traumatischen Wirkung erlebter Suizide und der psychosomatischen Auswirkungen psychischer Traumen kein unerwartetes Resultat. Auch die erhöhten Depressivitätswerte der suizidgefährdeten Kinder in dieser Untersuchung überraschen nicht, wobei Todds Analysen darauf verweisen, daß die depressive Symptomatik, nicht die erlebte Hoffnungslosigkeit die ausschlaggebende Variable ist.

Die Untersuchungen zu den auslösenden Bedingungen für den Suizid im Kindes- und Jugendalter verdeutlichen, daß Suizid hier als Ausweg und Rückzug aus einer als nicht mehr auslösbaren Belastungssituation angesehen wird. Die jugendlichen Suizidanten sind zumeist männlich, in der Regel bereits in die Pubertät eingetreten und weisen einen entsprechenden kognitiven Reifegrad auf. Ihnen wird aber zugleich hohe Sensibilität, narzißtische Kränkbarkeit und psychische Instabilität zugeschrieben (vgl. Henseler, 1974). Der Tod wird diesen Jugendlichen durchaus als etwas Endgültiges angesehen (s.a. Nöhring, 1982, S. 148). Pubertierende Jugendliche befinden sich nun freilich in einem Lebensalter, in dem ein „reifes" Todeskonzept - abgesehen von jene Abweichungen vom Konzept des „natürlichen Todes", die sich auch bei Erwachsenen finden - altersgemäß sind. Bei - gebotener - Zurückhaltung in der Interpretation finden sich damit in diesem Material keine überzeugenden Hinweise auf eine frühzeitige Entwicklung des Todeskonzeptes infolge der Auseinandersetzung mit existentiellen Belastungssituationen und dem Nachdenken über das eigene Lebensende. Wie verhält es sich aber bei den Ausnahmefällen suizidalen Verhaltens jüngerer Kinder, bei Fünf- bis Zehnjährigen? Welche Antriebselemente und Phantasien, welche Todeskonzepte finden sich in diesen Fällen? Aufgrund der geringen absoluten Zahlen ist man hier auf - heuristisch durchaus wertvolle - Fallstudien aus der therapeutischen Praxis angewiesen. Diese Thematik wird im folgenden Unterabschnitt behandelt.

D 4 Todesphantasien präsuizidaler Kinder

Eine bewußte Einstellung zum Tod und somit die Möglichkeit, einen irreversiblen „Freitod" zu denken, findet man nach den bisher vorliegenden Ergebnissen erst ab acht bis neun Jahren, so daß die niedrige Suizidrate noch jüngerer Kinder völlig plausibel erscheint. So formuliert Kuntze:

„Es gibt offenbar Schutzfaktoren bei jüngeren Kindern, die dazu führen, daß deren Suizid- und Suizidversuchsrate deutlich niedriger liegt als bei Adoleszenten. Man findet bei ihnen weniger depressive Symptome, die Bezugspersonen kümmern sich signifikant häufiger um sie, fühlen sich verantwortlich und schützen vor Isolation. Die sich noch entwickelnden Fähigkeiten erscheinen voraussehendem Planen, Reaktionen anderer abzuschätzen und abstrakt zu denken noch nicht gewachsen." (Kuntze, 1991, S.42).

Dennoch treten vereinzelt suizidale Strebungen bei sehr jungen Kindern auf, begleitet von Phantasie- und Antriebselementen, die ihrem Entwicklungsstand entsprechen. So kann suizidale Phantasietätigkeit als kindliche Trotzreaktion „zur Wiederaufrichtung und Regulation des Selbstwertgefühls nach einer narzißtischen Kränkung" aufgefaßt werden (Nöhring, 1982, S. 148). Solche Kränkungen können beispielsweise in als ungerecht empfundenen Maßnahmen der Eltern bestehen, die nach dem Motto „wenn ich tot bin, dann seht ihr, was ihr gemacht habt" vom Kind psychisch kompensiert werden. In der Phantasie der Kinder stellt der Suizid dann eine Bestrafung der „ungerechten Bezugsperson" dar, die in einem solchen Fall leiden und trauern müßte (es sollte nicht verkannt werden, daß eine entsprechende Suizidmotivation durchaus auch bei Erwachsenen vorzufinden ist).

Tatsächliche suizidale Akte sehr junger Kinder werden aus der therapeutischen Praxis im Zusammenhang mit dem Tod geliebter Bezugspersonen berichtet, etwa wenn ein Sechsjähriger mit dem geplanten Sprung aus dem

Fenster wieder zum kürzlich verstorbenen Großvater gelangen will (nach Nöhring, 1992, S. 149). Solche Tendenzen gehen häufig mit plastischen und animistischen Vorstellungen der Kindern über den Aufenthaltsort der verstorbenen Personen einher, den zu erreichen erstrebenswert scheint (so Kuntze, 1991, S. 44 über einen Vierjährigen, der zu seiner Mutter in den Himmel möchte).

Kindliche Phantasietätigkeit, bei der ein Suizid zum Mittel wird, in ein „orales Paradies" (Kuntze, 1991, S. 41) zu gelangen, wird von Kappes (1981) anhand eines Fallbeispiels elaboriert. In diesem Fall nahm ein sechsjähriges Mädchen in Selbsttötungsabsicht Tabletten ein und gab auch ihrer vierjährigen Schwester davon. Der Familienhintergrund ist problematisch: die Zuwendung der Mutter für die Kinder ist nicht liebevoll, insgesamt fehlt Geborgenheit; der Vater droht sogar, sich für den Fall eines weiteren Kindes umzubringen. Die Mutter baut keine emotionale Bindung zu der jüngeren, noch weniger gewollten Schwester auf, und dieses Kind entwickelt gravierende psychosomatische Symptome (Enuresis). In familientherapeutischen Gesprächen mit dem Kind nach deren erweiterten Suizidversuch kristallisiert sich heraus, daß sie sich sehr stark mit ihrer Schwester identifiziert und die als schlimm empfundene Situation - sie fühlt sich für die Enuresis mitverantwortlich - auflösen möchte. Diese Auflösung, die letztlich aus der „Sehnsucht nach einer guten Mutter" herrührt, wird durch den Suizid angestrebt. Dabei kommen auch kindlich-religiöse Vorstellungen zum Zuge: „Heike hofft auf betende Engel, die die orale Versorgung liebevoll bewerkstelligen mögen" (Kappes, 1981, S. 38).

Zusammenfassend kann gesagt werden, daß die vereinzelt auftretenden Suizide bei sehr jungen Kindern nicht für eine vorzeitige Entwicklung eines „erwachsenen" Todeskonzeptes sprechen; sie erscheinen als intendierte Abstrafungen einer kränkend erlebten Umwelt, als Versuche, Zuwendung zu erfahren oder durch den Tod von Bezugspersonen verlorene Zuwendung wiederzugewinnen. Sie basieren auf einer altersentsprechend „unreifen" Todesvorstellung. Das Kind weiß im Wortsinne nicht, was es tut, es ist sich der existentiellen Tragweite seines Tuns nicht bewußt, und die Endgültigkeit des Todes wird nicht hinreichend realisiert (vgl. auch Kuntze, 1991, S.43).

E. Todeskonzept und Zeitperspektive

In dieser Skizze der Entwicklung des Todeskonzepts sind die Todesvorstellungen von Kindern, und damit letztlich auch diejenigen Erwachsener, in ihrer zeitlichen Dimension vorgestellt worden. Aber die Vorstellung des eigenen Todes, insbesondere des natürlichen Todes, handelt auch selbst von der Zeit: der Todesbegriff ist untrennbar mit einer Vorstellung von der eigenen Lebensspanne verbunden. Wie eingangs am Beispiel von Aristoteles (De Generatione et Corruptione, Ackrill, 1987) ausgeführt, zählen das eigene Werden und Vergehen, die Antizipation einer begrenzten Lebenszeit und der Tod als ihr Endpunkt, zu den komplexesten Begriffen unserer Kultur.

Der Erwerb dieser Vorstellungen und die Auseinandersetzung von Kindern und Adoleszenten mit ihren Implikationen ist deshalb ein wissenschaftlich besonders interessantes Beispiel für die Wechselwirkung von Reifungsprozessen und der Auseinandersetzung mit der Umwelt im Verlauf der Entwicklung.

Erwachsene, Gleichaltrige und Institutionen vermitteln dem Kind gesellschaftlich etablierte Todesvorstellungen, hinzu kommt die Erfahrung des Todes anderer Personen in der Familie und im weiteren sozialen Umfeld. Schließlich aber muß der junge Mensch den abstrakten Begriff der Zeit mit seinem eigenen Leben verknüpfen.

„Das Wort 'Zeit', so könnte man sagen, ist ein Symbol für eine Beziehung, die eine Menschengruppe, also eine Gruppe von Lebewesen mit der biologisch gegebenen Fähigkeit zur Erinnerung und Synthese, zwischen zwei oder mehreren Geschehensabläufen herstellt, von denen sie einen als Bezugsrahmen oder Maßstab für den oder die anderen standardisiert." (Elias, 1982, S. 843).

Nach Elias kann der Mensch sein Leben als Standardkontinuum für Zeitbestimmungen anderer Geschehensabläufe einsetzen. Zentrales Thema des Zusammenhangs von Tod und Zeit wird damit die Erkenntnis, daß der Tod auch zum eigenen Leben gehört und die emotionale Betroffenheit, die diese Vorstellung auslöst. Drei Kognitionen werden dabei miteinander verknüpft: das Bewußtsein des Kindes von sich selbst als Person, die die Beziehung herstellt und die Zeit bestimmt, das eigene Leben als Wandlungskontinuum zwischen Geburt und Tod, welches gleichzeitig sein persönliches Standardkontinuum darstellt, und die Menge anderer Geschehensabläufe, die es an seinem eigenen Lebenslauf, also an sich selbst, als einem Wandlungskontinuum mißt (vgl. Elias, 1982, S.844). Das Ende, die Begrenzung des Kontinuums wird inhaltlich durch das persönliche Todeskonzept bestimmt. Mit Ausnahme der Suizidalen, die den Zeitpunkt der Beendigung ihres Lebenslaufs *per definitionem* selbst bestimmen, ist freilich nur der Beginn des Kontinuums präzise festgelegt. Auch dieser Anfang entzieht sich allerdings der Erinnerung und bleibt insofern abstrakt. Die Dauer und folglich auch das Ende des Kontinuums bleibt dagegen offen; solange man lebt, ist der Tod unvermeidlich zukünftig. Allenfalls wird in einer hochentwickelten Gesellschaft der Tod nach der allgemeinen Lebenserwartungsstatistik und der daraus resultierenden Wahrscheinlichkeit der Erfüllung des persönlichen Todeskonzeptes antizipiert.

Das Verständnis dieser Zusammenhänge setzt beim Kind erhebliche kognitive Fähigkeiten voraus. Die

Zukunftsbezogenheit des Kindes ist nicht nur von der Struktur der eigenen Persönlichkeit und seiner aktuellen Verfassung abhängig, sondern steht in engem Zusammenhang mit seinen intrapsychischen und sozialen Ressourcen (Krebs, 1982, S.21).

In der thanatopsychologischen Literatur der letzten zehn Jahre ist die Synthese von Zeit und Todeskonzept bislang eher vernachlässigt worden. Kennzeichen aller Arbeiten ist ihre thematische Isolation: Leben und Tod werden nur scheinbar verknüpft - Gegenstand ist allein das Todeskonzept. Bei den Arbeiten zur Entwicklung des Todeskonzepts drängt sich der Eindruck auf, daß die Autoren ihre eigene Todesfaszination nicht ganz verdrängen konnten. Letztlich konnte sich der Verfasser dieses Buches dieser Faszination nicht gänzlich entziehen. Jedoch wird hier die Auffassung vertreten, daß das Konzept des eigenen Todes nicht für sich stehen kann, sondern als Vorstellung vom Ende der Lebenszeit aus der Vorstellung des Lebenslaufs abgeleitet und daher Teil des Lebenskonzeptes ist. Die Komplexität des Todesbegriffs rührt ja gerade davon her, daß er den Übergang zu einem Zeitraum jenseits des persönlichen Zeitkontinuums - also zum Unvorstellbaren - markiert.

Wird die Bindung des Todesbegriffs an die Vorstellung eines persönlichen Zeitkontinuums vernachlässigt, so erscheint der Tod leicht als ein Zustand eigener Art. Die Gefahr liegt nahe, daß dieser vermeintliche „Endzustand" dann auch als Ziel des Lebens verstanden wird. Die verzweifelte Gedankenkonstruktion Amérys (1987), dem der Tod als sinnloses Ziel eines dadurch zur Absurdität verdammten Alternsprozesses erscheint, hat darin ihre Grundlage.

Es ist sicherlich nicht akzeptabel, daß das kindliche Leben in erster Linie auf den Tod als Lebensziel ausgerichtet sein soll. Die Entwicklung eines Todeskonzeptes ist nur ein Teil der individuellen Sozialisation und nicht Kernaspekt der Lebenslaufplanung. Eine Ausrichtung der Lebenszeitperspektive auf den Tod ist, wie wir gesehen haben, selbst bei suizidalen und parasuizidalen Kindern durchaus fraglich. In den wenigen Berichten von sehr jungen Kindern, die „nicht leben wollen", erscheint der Tod noch nicht als Lebensende, sondern eher als Übergang in eine andere Existenzform. Bei pubertierenden Jugendlichen erscheint der Suizid als Ausweg aus einer unerträglich empfundenen Belastungssituation, aber nicht als Weg zu einem angestrebten Zielzustand.

Die kognitive Verarbeitung des Todes führt zu einer Ausbildung des Todeskonzeptes. Das Todeskonzept ist jedoch nur als Faktum gegenständlich und als Grenze des Lebens zu verstehen, die eigene Geburt und der eigene Tod haben den gleichen Stellenwert und sind für ein Kind zunächst gleich unzugänglich. Geburt und Tod sind nur Grenzmarken der eigenen körperlichen Existenz, ihre inhaltliche Präsenz im Lebenslauf ist erlernt. Der Selbstwahrnehmung ist nur das Sein vertraut und vom Kind entsprechend seiner Perspektive und seiner kognitiven Fähigkeiten begrifflich ausfüllbar, wobei dies Sein die erwartete Zukunft und die erlebte Vergangenheit einschließt (Merleau-Ponty, 1966). Der Tod, als nicht persönlich erlebbar, bleibt zwangsläufig abstrakt. Erst die kognitive Erfassung des Begriffes Zeit gibt dem Tod Kontur und eine antizipierbare Existenz. Die Synthese des Todeskonzeptes und der eigenen Lebenszeitperspektive hängt daher von der kognitiven Erfassung des Begriffes Zeit ab. Lebenszeitperspektive ist die Antizipation eines durch eigene Handlung zu füllenden, offenen Kontinuums. Das Todeskonzept beinhaltet die Antizipation eines Zeitpunktes, der zwar nicht das Ende der Zeit selbst markiert, sehr wohl aber den Endpunkt der persönlichen Zeit und damit den Übergang zu einer Welt ohne die Person, jenseits jeder Erfahrungsmöglichkeit. Die Unmöglichkeit, dem Zustand des Todes aufgrund eigener oder fremder Erfahrung einen vorstellbaren Inhalt zu geben, macht den Tod zum Objekt metaphysischer Spekulation und gibt ihm zugleich die Aura grundsätzlicher und endgültiger Andersartigkeit.

Wenn das Kind oder der Jugendliche beginnt, das Grenzereignis des Sterbens und die Unvorstellbarkeit des Todes mit dem Leben vertrauter Personen oder dem eigenen Lebenslauf in Verbindung zu bringen, dann wird sich nach den Beobachtungen von Gesell und Ilg (1946) die sachliche Haltung gegenüber dem Faktum des Todes in emotionale Betroffenheit verwandeln. Orbach (1990) ist sicherlich recht zu geben, wenn er die Vernachlässigung dieses Aspektes in der Forschung zur Entwicklung des Todeskonzeptes beklagt. Auch die vorliegenden Ergebnisse zum Thema der Todesangst (vgl. Wittkowski, 1990) sind noch zu unspezifisch, als daß sie diese Lücke füllen könnten.

Eine der grundlegenden Schwierigkeiten, die Erfassung von Todesvorstellungen und Zeiterleben und ihre Synthese im Verlauf der kindlichen Entwicklung angemessen zu erarbeiten, liegt in der Natur des Kindes selbst. Kinder sind keine verkleinerten Erwachsenen, die wissenschaftliche Arbeit erfolgt aber zwangsläufig aus Erwachsenensicht. Wir sind auf Rekonstruktionen und ein vages Gefühl von Plausibilität angewiesen, wenn wir uns der eigenständigen Erlebniswelt des Kindes verstehend annähern. Auch wenn beispielsweise Donaldson (1982) unter dem Titel „Wie Kinder denken" plausible Rekonstruktionen anbietet, so bleibt doch die Tatsache bestehen, daß ihre Ansicht, die geistigen Fähigkeiten der Kinder würden unterschätzt, auf Normen der Erwachsenenwelt beruht.

Das interviewte Kind wird immer nur die Frage so beantworten, wie es diese aus seiner, uns nicht zugänglichen, Weltsicht versteht. Es wird sich sogar die Mühe machen, die Fragen der Erwachsenen so zu beantworten, wie es glaubt, so möchte der Erwachsene die Antwort gerne haben. Bedenklich wird es dann, wenn der Erwachsene kindliche Antworten unreflektiert in die eigene Perspektive überträgt. Als besonders prägnantes Beispiel mag hier die von Knapp (1987) vorgenommene Interpretation der Aussagen seiner zweieinhalbjährigen Tochter zu Todessymbolen dienen. Der Autor, den der Tod „brennend interessiert", entwirft ein fünfstufiges Modell der zeitlichen Entwicklung eines Todeskonzeptes bei seiner Tochter. Das Kind entwickelt aus „zufälligen" Treffen mit Todessymbolen in der Zeit von 2;6 bis 3 Jahren einen Bezug des Todes auf sich selbst, mithin nach Meinung des Autors ein reifes Todeskonzept.

Die Fragen des Kindes sind bei Knapp (1987) detailliert aufgelistet und entsprechend kommentiert. Die Antworten des Vaters fehlen leider. Kennzeichen aller behandelten Symbole - z.B. des Kruzifixes - ist ihre Unbelebtheit und ihr Vergangenheitsbezug. Die Fragen des Kindes verweisen darauf, daß sich das Kind über den Unterschied von „unbelebt" und „tot" nicht im klaren ist, und daß ihm die Irreversibilität des Todes noch nicht bewußt ist - beides durchaus in Übereinstimmung mit den vorliegenden Forschungsergebnissen über die Entwicklung kindlicher Todeskonzepte. Dieser Tatsache trägt der Autor jedoch keine Rechnung; er interpretiert die Fragen des Kleinkindes aus der Perspektive eines Erwachsenen, der über den Tod reflektiert. Der Verdacht drängt sich nachgerade auf, daß sich in den Aussagen des Kindes nicht ein überraschend reifes Todeskonzept manifestiert, sondern die altersgemäße Reaktion auf die Informationen des Vaters, der wiederum die Grenzen des kindlichen Verständnisses nicht zu sehen vermag.

Das Beispiel erinnert daran, daß Todesvorstellungen des Kindes und seine Auffassung vom Lebenslauf sich deutlich von denen unterscheiden können, die in Interaktion mit der Erwachsenenwelt geäußert und im Sinne der Erwachsenen verstanden werden. Das ist auch eine Frage der Definitionsmacht: der Diskurs zwischen Kindern und Erwachsenen wird zunächst durch die Erwachsenen dominiert, die als Repräsentanten der Gesellschaft fungieren, in die das Kind hineinwächst. Die wirkliche inhaltliche Besetzung beider Begriffe in der Welt des Kindes bleibt dem Erwachsenen verschlossen.

Ein weiterer Vorbehalt ergibt sich daraus, daß auch bei Erwachsenen die Synthese von Todeskonzept und Lebenszeitperspektive und ein „reifes" Todeskonzept entsprechend der Vorstellung eines „natürlichen Todes" im Sinne von Fuchs (1969) keineswegs selbstverständlich ist. Der Terminus „reifes Todeskonzept" für das Verstehen der biologischen Endlichkeit ist in seiner Wertgebundenheit selbst spekulativ. Er wurde juristisch definiert und von der selbst naturwissenschaftlich orientierten Schulmedizin bestimmt, was ihn kulturspezifisch und (da diese Grundlage ständiger Weiterentwicklung unterworfen ist) auch zeitgebunden erscheinen läßt - die Bedeutung des Todesbegriffs hat sich zuletzt durch den Übergang zum Hirntodkriterium erheblich verändert. Diese Diskussionen sind Kindern sicherlich verschlossen, und die Aufgabe, das „Nichts" als reifes Todeskonzept kognitiv erfassen und mit einem Zeitkontinuum für das eigene Leben zu verknüpfen, dürfte auch die kognitiven Fähigkeiten vieler Erwachsener überfordern. Der Versuch, die Entwicklung kindlicher Todeskonzepte vor dem Hintergrund der Vorstellung des natürlichen Todes zu begreifen, wird daher stets mit der doppelten Ungewißheit belastet bleiben, inwieweit die soziale Umwelt überhaupt dieses Todeskonzept vermittelt und wie die jeweiligen Informationen der Erwachsenen und die eigenen Erfahrungen sich aus kindlicher Sicht ausnehmen.

E 1 Die Lebenszeitperspektive

Wir sind von der Annahme ausgegangen, daß im Verlauf der Entwicklung des Kindes der Tod zunächst abstrakt, später in konkreterer Vorstellung, das Ende des eigenen Lebensganges markiert und daß letztlich das persönliche Zeiterleben und die Todesvorstellung durch den Bezug auf ein abstraktes Zeitkontinuum zusammengebracht werden. Trifft diese Sicht der Dinge zu, so steht jedenfalls das Leben und nicht der Tod im Mittelpunkt der kindlichen Aufmerksamkeit. Der Tod bleibt solange im Dunkeln, bis die Entwicklung des Zeitkonzeptes (d.h. der nicht an die Person gebundenen Zeit) die Vorstellung ermöglicht, daß das persönliche Zeitkontinuum endet, während die Zeit weiterläuft. Deshalb sollen einige - sicherlich vorläufige - Anmerkungen zum Begriff der Zeit als Strukturelement von Lebenswelt und Kultur diese Arbeit beschließen.

Wir haben es dabei sicherlich nicht mit dem durch Einstein (1954) relativierten Zeitbegriff und den von Hawking (1991) popularisierten Gedanken der gegenwärtigen theoretischen Physik zu tun, sondern mit dem einfacheren, absoluten Zeitbegriff der Naturwissenschaften vor Einstein. Wittkowski (1972) unterscheidet „Zeit" von „Zeiterleben" und „physikalischer Zeit":

„Zeiterleben ist die Repräsentation der Zeit im menschlichen Bewußtsein. Die Wahrnehmung einer zeitlichen Dauer erfordert gleichzeitiges Erfassen aufeinanderfolgender Abschnitte eines Geschehens ohne Beteiligung des Gedächtnisses (psychische Präsenzzeit)..."

„Zeitliche Perspektive entwickelt sich aus der Interaktion wiederkehrender Bedürfnisse mit Umwelteinflüssen im Sinne einer Konditionierung. Die Erwartung einer früher bereits erlebten Bedürfnisbefriedigung stellt den Zusammenhang zwischen Vergangenheit, Gegenwart und Zukunft her. Trennung von zeitlicher und räumlicher Reihenfolge ist eine Voraussetzung für Zeitwahrnehmung." (Wittkowski, 1972, S.582)

Diese Annahmen über Zeiterleben und Zeitperspektive zeigen deutlich die Schwierigkeiten, die die Sozialpsychologie mit dem Thema Tod und eigener Lebenszeitperspektive hat. Demnach ist das Zeiterleben des Kindes ausschließlich in der Präsenzzeit angesiedelt. Das für die Entwicklung kognitiver Fähigkeiten erforderliche Wissen kann aber nur dem Gedächtnis entstammen. Mithin kann das Kind den eigenen Tod nicht kognitiv erarbeiten, weil der Tod nicht vorab erfahren werden kann. Der Eintritt in das unfaßbare Nichts ist einmalig und nicht wiederholbar. Wenn wir der genannten Annahme folgen, müßte ein Kind (oder auch ein Erwachsener) die eigene Geburt und den eigenen Tod gleichzeitig erfassen können, um seine Lebenszeit zu bestimmen. Da das nicht möglich ist, wäre zu erwarten, daß die eigene Lebensspanne in der Tat keine kognitive Repräsentation hat - Vergangenheit wie Zukunft verweisen auf das Geheimnisvolle, Unvorstellbare, sie erscheinen nicht wirklich begrenzt. Im Zeiterleben dominiert nach der zitierten Auffassung das Gegenwartserleben, und die Zukunft wird als erwartete Fortsetzung bisheriger Erfahrungen (speziell der Erwartung von Belohnungen) dargestellt. Das Kind wird erlebte Bedürfnisbefriedigung in die Zukunft übertragen und auf einen erneuten Eintritt der Befriedigung hoffen, bzw. sein Handeln danach ausrichten.

Daraus folgt nicht unbedingt, daß Kinder kein Wissen von den Grenzen ihrer eigenen Lebenszeit gewinnen können. Es kann sich jedoch nicht um Kenntnis von der Art des Selbsterfahrenen, Erlebten handeln, sondern bleibt sozial vermitteltes, gesellschaftlich verankertes Wissen. Wie „Zeit" jeweils gesellschaftlich definiert wird, ist dabei belanglos. Das Kind benötigt die zeitliche Dimension der sozialen Zeit, um seine Lebenslaufplanung zu strukturieren; nur über dieses Hilfsmittel kann es sein persönliches Kontinuum begrifflich füllen. Für die Bewältigung dieser Aufgabe entwickelt es Lebenspläne und Wertvorstellungen, deren inhaltliche Präsenz von seinen kognitiven Fähigkeiten abhängig erscheint. Nach Piaget (1975) organisieren Kinder die Zeit der sie umgebenden Welt

„...zuerst anschaulich, dann mittels einer Gesamtheit von qualitativen oder metrischen Operationen...auf der ersten Stufe der Anschauungen beurteilt das Kind die physikalische Zeit gemäß den allgemeinen Gesetzen des intellektuellen Egozentrismus, als ob es sich um eine interne Zeitstrecke handeln würde, die sich je nach den Inhalten der Handlung zusammenziehen und ausdehnen läßt; und nur dank der logischen Konstruktion von Operationen, die sich in einem kohärenten Gesamtsystem gruppieren, gelangt es zu dem Begriff einer homogenen, allen Erscheinungen gemeinsamen Zeit." (Piaget, 1955, S.275)

Piaget sieht als wesentliches Merkmal des kindlichen Zeitbegriffes an, daß er egozentrisch ist und nicht subjektiv.

„Das Charakteristische des Egozentrismus ist eine Undifferenziertheit zwischen Subjekt und Außenwelt und nicht eine genaue Kenntnis des Subjekts von sich selbst: weit davon entfernt, zu einem Bestreben nach Introspektion oder einem Nachdenken über das Ich zu führen, bedeutet der kindliche Egozentrismus vielmehr ebenso Unkenntnis des Innenlebens und Deformierung des Ichs wie Unkenntnis der objektiven Verhältnisse und Deformierung der Dinge." (Piaget, 1955, S.277)

Piaget postuliert auch, daß das Kind, um zu einer differenzierten Beziehung zwischen innerer Dauer und der Zeit der inneren Handlung zu kommen, dieselben qualitativen Operationen ausarbeiten muß wie bei der Konstruktion der physikalischen Zeit. Demnach besteht beim Kind eine ständige Wechselwirkung zwischen erlebter und physikalischer Zeit.

Simmel (1918) sieht dagegen den Tod als formbestimmend für die erlebte Zeit und die physikalische Zeit an. Gerade das Wissen um die Endlichkeit in Verbindung mit dem Nichtwissen um den Todeszeitpunkt sei eines der wirkungsreichsten Phänomene für das Leben in seinen Formen. Die Versuche der Christen, dem Tod die Lebenseinhaftung zu nehmen, gehören nach Meinung

Simmels (1918, S. 107) zu den größten Paradoxien der Christenheit. Der Tod gilt als überwindbar, indem das Leben von vornherein als ewig gesetzt wird.

Die erlebte Zeit wird demgemäß von dem Zustand der Seele und ihrer Vorbereitung auf das ewige Leben bestimmt.

„...nicht nur weil das Leben, als eine durch die Zeit erstreckte Linie über die Formgrenze seines Endes hinausreicht, sondern auch weil es den durch alle Einzelmomente des Lebens hin wirkenden und innerlich begrenzenden Tod vermöge dieser ewigen Konsequenzen eben dieser Momente verneint. Das Leben ist hier ausschließlich auf seine positiven Momente gestellt; was der Tod ihm antun kann, betrifft nur seine Außenwerke, ja nur dasjenige, was schon von vornherein nicht unser eigentliches Leben ist. Angesichts der Kontinuität, mit der unsere jenseitige, doch sicher nichts vom Tode beinhaltende Existenz durch die diesseitige bestimmt ist, hat der Tod auch in dieser seinen 'Stachel', seine vitale Bedeutung verloren." (Simmel, 1918, S.107f.).

Die Auswirkungen auf die Syntheseleistung eines Kindes, das im Rahmen seiner Sozialisation mit christlichem Gedankengut vertraut gemacht wird, sind nicht ohne weiteres absehbar. Es erfordert zusätzliche kognitive Anstrengungen, das Leben nicht nur als ewig anzusehen, sondern dazu auch noch zwischen körperlichem und geistigem Leben zu unterscheiden. Daher ist es denkbar, daß das Kind hier auch zu der Frage nach einem Tod der „Seele" gelangt, einem Tod mithin, der ein ewiges Leben unmöglich macht. Demnach wird es spekulativ möglich, zweimal zu sterben. Der körperliche Tod beendet die irdische Existenz, der seelische Tod könnte vor Ablauf des körperlichen Sein eintreten oder *post mortem*. Der Zeitbegriff wird über die biologische Zeit in ein Nichts hinein ausgedehnt.

Das Kind muß folglich zwei sich widersprechende Formen eines Nichts abstrahieren und kognitiv verarbeiten, um zu einer möglichen Syntheseleistung zu kommen. Es muß daher fraglich sein, ob eine religiöse Erziehung mit ihrem Ewigkeitsbezug die Antizipation eine Lebenslaufplanung erleichtern kann.

Bühler (1959) bezieht sich auf die erlebte Zeit in ihrer inhaltlichen Perspektive. Danach ist das Verhältnis des Lebens zum Tode dasjenige, das am tiefsten und allgemeinsten das Gefühl des Daseins bestimmt. Die Begrenzung der biologischen Existenz durch den Tod ist aus ihrer Sicht entscheidend für die psychologische Einschätzung des Lebens. Die intrapersonale Wertschätzung der persönlichen Lebenszeit bestimmt den Lebenslauf und die erlebte Zeit. Inwieweit Kinder diese Konstruktion nachvollziehen können, muß erneut dahingestellt bleiben. Wir wissen aus den Arbeiten von Piaget (1969, 1975) und Kohlberg (1980), daß Kinder ihre Gedanken auf das Jetzt ausrichten und erst mit zunehmenden Alter ihre Umwelt und damit den Tod kognitiv erarbeiten. Es erscheint problematisch, anzunehmen, daß die Kinder in ihre Lebenszeitperspektive den Tod als Ende integrieren und erst darüber das Jetzt ihres Seins schätzen lernen.

Eher ist davon auszugehen, daß die Kinder die sozial vermittelten Zeitvorstellungen ihrer Kultur in ihre Lebenszeitperspektive aufnehmen und die erlebte Zeit anhand dieses Maßstabes konstruieren. Als solche soziale Zeitstrukturen nennt beispielsweise Brose (1986, S.181) sowohl sozialtypische Erwartungen bzw. Regelungen für die zeitliche Struktur von Leben (z.B.

Kindergarten, Vorschule, Schule, Vereinsstunden, Spielzeiten) als auch typisierte Sequenzialisierungen von Lebensereignissen (z.B. Schuleintritt, Übergang auf die höhere Schule, Kommunion, Konfirmation, Geburt von Geschwistern, Tod der Großeltern), deren individuelles Erlernen in jüngster Zeit von Schorsch (1992) thematisiert wurde - Parallelen zu der von Havighurst (1972) entwickelten Vorstellung typischer „Entwicklungsaufgaben" sind offensichtlich.

Brose (1986, S.182) führt dazu aus: „Erlebbar für das Kind sind ebenfalls die Zeitstrukturen der Erwachsenenwelt, die zum Beispiel aus der Generationenfolge erfahrbar sind."

„Mutter oder Vater sind vorübergehend abwesend, um zu arbeiten. Großmutter und Großvater arbeiten nicht mehr. Aus diesen erlebbaren Strukturen und durch Interaktion mit Peers erfahrenen Gleichheit der Gegebenheiten konstruiert sich die Zeitperspektive des Kindes. Die in westlichen Industrienationen vorherrschende, wenn auch nicht mehr gesicherte, Dreiteilung des Lebens in Kindheit, Arbeitswelt und Rentenzeit wird zu einem sozialen Muster, das kognitiver Erarbeitung zugänglich wird. Die sozialstrukturelle Aufteilung von Lebenszeit öffnet das Bewußtsein für die Befristung von Lebenszeit. Denkbar sind Schutzmechanismen des Kindes gegen die organisierte soziostrukturelle Zeitvorgabe über den Weg der idealisierten Annahme von Kontinuität (Ewigkeitsdenken) und über den Reversibilitätsgedanken (alles ist wiederholbar)." (Brose, 1986, 182).

Die soziostrukturell vorgegebenen Todeskonzepte unterliegen dagegen einem ständigen Wandel (Fuchs, 1969; Aries, 1993). Heute erscheint es, daß die durch die moderne Medizin weit verschobene Todesgrenze den

Realitätscharakter des Todes verändert hat (Hahn, 1968). Dieser Umstand kann dazu beitragen, daß wir uns „wenn auch unbewußt, fast schon für unsterblich halten" (Imhof, 1984, S.195). Unser Leben ist nicht mehr direkt durch den biologischen Tod bedroht, sondern durch externe Ereignisse bestimmt (vgl. Ebeling, 1984).

Danach würde das Kind die Zeit zwischen der eigenen Geburt und dem Tod nicht mehr als geschlossenes Kontinuum auffassen, sondern ein nach oben offenes Leben antizipieren. Die Beendigung dieses Lebens wird dann durch externe Ereignisse, wie Unfälle, Kriege, Krankheiten oder Gewalttaten bestimmt. Diese Bedrohungen sind Teil der jeweiligen Kultur. Das Kind richtet sich auf den Gefahrenmoment aus und nicht auf den Tod. Der Tod ist dann nur die Folge eines unter gewissen Umständen vermeidbaren Ereignisses. Aus der Lebenszeitendperspektive wird ein unbestimmbares Datum, dem Tod kann es durch Ereignisvermeidung ausweichen. Auch dies wäre eine Form der Einbindung des Todes in die Lebenszeitperspektive - freilich in einer Form, die wieder auf das von Fuchs (1969) skizzierte Todesverständnis traditioneller Kulturen zurückweist: der Tod als getötet-werden, nicht als natürliches Ende des Lebens.

Generell kommt der Zeitperspektive ein zentraler Stellenwert zu bei der Planung und Aufbau des persönlichen Lebenslaufes in psychischer und sozialer Hinsicht. Die persönliche Zeitperspektive ist instabil und wird in Grenzsituationen der neuen Situation angepaßt (Vogt, 1986). Sie wird intrapersonal entsprechend dem Entwicklungsstand der kognitiven Fähigkeiten des Kindes von der unendlichen Linearität bis zur Vorstellung eines persönlichen Zeitkontinuum strukturiert. Die

Erfahrung des Todes anderer verweist das Kind auf die biologische Endlichkeit seiner körperlichen Existenz. Die sozialstrukturelle Zeit wird von den Sozialisationsagenten vorgelebt und durch Interaktion übertragen. Das Zeiterleben wird von der sozialstrukturellen Zeit getrennt konstruiert, es ist nicht abhängig von Kognition.

Die intrapsychische Zeit kann von einem Todeskonzept beherrscht werden oder vollkommen frei sein von jeglichen Todesantizipationen. Die positive, lebensbejahende intrapsychische Zeitperspektive führt zu einer offenen, frei gestaltbaren Lebensstruktur, während die vom Todeskonzept beherrschte Lebenszeitperspektive marginalisiert erscheint. Sozialpsychologische Untersuchungen zur Synthese von Todeskonzept und persönlicher Zeitperspektive müssen daher beide Ebenen der Zeitstruktur beim Kind erfassen, um zu einer tragfähigen Aussage zu gelangen.

F. Zusammenfassung

Kinder erwerben im Verlauf ihrer Sozialisation eine kulturspezifische Konzeption des Todes. Der Kern dieses Begriffs ist im abendländischen Kulturkreis die von Fuchs (1969) beschriebene Idealvorstellung des *natürlichen Todes*, die historisch gesehen, eng mit dem Aufstieg eines aufgeklärten Bürgertums verknüpft ist. Aus dem Konzept des natürlichen Todes lassen sich die Komponenten der Todesvorstellung herleiten, die in der psychologischen Forschung als Kennzeichen eines „reifen" Todeskonzepts gelten: u.a. die *Universalität* des Todes, seine *Irreversibilität*, Sterben als endgültiges Erlöschen aller Lebensfunktionen (*„Nonfunktionalität"*) und ein realistisches Verständnis der Todesursachen (*„Kausalität"*) einschließlich des Wissens um den Tod als dem *natürlichen Abschluß des Lebens*.

Allerdings impliziert dieser Todesbegriff ein Vergehen des Menschen mit dem Tode, den buchstäblich unvorstellbaren Übergang ins Nichts, und steht damit im Gegensatz zu ebenfalls kulturell etablierten religiösen Traditionen des Glaubens an ein Weiterleben - zumindest der Seele - nach dem Tode. Häufig wird eine wenig reflektierte Kombination der beiden an sich gegensätzlichen Positionen auf der Basis einer ontologischen Trennung von Körper und Seele vermittelt. Das Erlernen des Todesbegriffs ist ein komplexer Sozialisationsprozeß.

Die Entwicklungsstufen beim Erlernen des Todesbegriffs werden meist in Anlehnung an *Piagets* Theorie der geistigen Entwicklung beschrieben. Entscheidende kognitive Entwicklungsschritte sind dabei der Übergang vom *voroperatorischen* Denken zum Denken in *konkreten*

Operationen (5-6 Jahre) und der nachfolgende Übergang zum *formal-operatorischen Stadium* (ab ca. 12 Jahren). Im ersten Schritt erfolgt die Abkehr vom *animistischen* Denken und dadurch die verläßliche Unterscheidung zwischen lebend, unbelebt und tot, der zweite Schritt markiert das vollständige Verständnis des Todesbegriffs. Eine präzise Übereinstimmung zwischen kognitiven Fortschritten der einzelnen Person und der entsprechenden Weiterentwicklung des Todesbegriffs ist allerdings nicht gesichert. Außerdem wird durch die Betonung des reinen Begriffsverstehens der emotionale Aspekt der Auseinandersetzung mit dem Thema „Tod" vernachlässigt. Die Beobachtungen von Gesell und Ilg, daß im Alter von sechs bis sieben Jahren die Sorge um den Tod von Bezugspersonen und mit der Pubertät die Angst vor dem eigenen Tod einsetzt, sind noch nicht systematisch überprüft worden. Der Unterschied zwischen dem abstrakten Wissen um dem Tod und der Empfindung, daß er einen selbst angeht, wird bislang vernachlässigt.

Das Entwicklungsmodell von Piaget ist keine reine Reifungstheorie, es beruht vielmehr auf der Annahme einer ständigen Interaktion des Kindes mit seiner Umwelt, die in abgrenzbaren Stadien erfolgt, weil die auf einer Stufe erworbenen Konzepte jeweils die notwendige Voraussetzung für die der folgenden Stufe darstellen. Je nach der Information, die die Kinder im Verlauf der Zeit erhalten, kann die Entwicklung des Todeskonzepts unterschiedlich verlaufen. Hinweise auf konkrete Informationseinflüsse gibt es in interkulturellen Vergleichen bezüglich der religiösen Unterweisung und des Medieneinflusses. Auch hier sind zur Absicherung weitere Untersuchungen notwendig. In der Kinderliteratur und in Aufklärungsmaterialien schlägt sich zum Teil die gesellschaftliche Tendenz zur Vermeidung todbezogener Themen nieder. Als Reaktion darauf ist in den letzten Jahrzehnten auch eine Minderheit typischer Aufklärungs- und Trostbücher für Kinder entstanden, die einerseits das Konzept des natürlichen Todes propagieren, andererseits die Möglichkeit eines Weiterlebens nach dem Tod offenlassen.

Die erzwungene Auseinandersetzung mit der eigenen Sterblichkeit bei Kindern, die Gewalttätigkeiten erleben mußten und mit unheilbar erkrankten Kindern scheint, soweit man aus den vorliegenden Daten schließen kann, nicht zu einem beschleunigten Verständnis des Todeskonzepts zu führen. Die Auswirkungen hängen vielmehr vom kognitiven Entwicklungsstand der Kinder ab. Die traumatische Wirkung von Verlusterfahrungen, die nicht durch Trauerarbeit bewältigt werden konnten, scheint gesichert. Todkranke Kinder zeigen höhere Empathiewerte und eine größere Reife im emotionalen Erleben und im sozialen Kontakt. Die Auseinandersetzung mit dem Tod bei suizidgefährdeten Kindern (und vermutlich auch bei Kindern und Jugendlichen, die Tötungsdelikte begangen haben) hat dagegen einen anderen Charakter. Auch hier gibt es keine Hinweise auf Veränderungen der kognitiven Entwicklung, in emotionaler Hinsicht, die deutlichen Abweichungen im sozialen und emotionalen Verhalten verweisen auf schwere Störungen in der Sozialisation.

Unser Bild von der Entwicklung Vorstellung vom Tod bleibt unvollständig. Während über die Entwicklung des kognitiven Verständnisses der wesentlichen Komponenten des Todesbegriffs im großen und ganzen übereinstimmende Ergebnisse vorliegen, ist ihre emotionale Bedeutung noch offen. Wie uns die Konfrontation mit der Aussicht auf einen „Gang ins Nichts" in unserer Entwicklung berührt und wie der Erwerb des Todeskonzepts in die Entwicklung des Zeitbegriffs und der Lebenszeitperspektive eingebunden ist, bleibt bislang ebenso eine Sache der Spekulation wie die konkreten Lernprozesse beim Erwerb des Todeskonzepts.

Eine Ausweitung der Forschung mit stärkerer Beachtung der sozialen und emotionalen Entwicklung ist deshalb ebenso erforderlich wie eine größere Methodenvielfalt. Es ist auffällig, daß hier zu Fragestellungen, die sich auf Sozialisationsprozesse beziehen, praktisch keine Längsschnittuntersuchungen vorliegen. Ebenso bedauerlich ist, daß es in der Literatur zum Erwerb offensichtlich kulturspezifischer Vorstellungen nur wenige, meistens unter Nutzung zufällig günstiger Gelegenheiten zustande gekommene, kulturvergleichende Arbeiten gibt. Zur Zeit bleiben noch allzu viele Fragen offen.

Literatur

Ackrill, J.L. (ed.). (1987). *A New Aristotle Reader.* Oxford: Clarendon Press.

Al-Adsani, W. (1991). *The psychological effects of the Lebanese Civil War on adolescents.* (Ph.D. dissertation, California School of Professional Psychology, Fresno, CA.).

Alexander, I. & Adlerstein, A.M. (1958). Affective responses to the concept of death in a population of children and early adolescents. *Journal of Genetic Psychology, 93,* 167-177.

Améry, J. (1987). *Über das Altern. Revolte und Resignation.* Stuttgart: Klett-Cotta (Erstauflage 1968).

Améry, J. (1991). *Hand an sich legen. Diskurs über den Freitod* (5. Aufl.). Stuttgart: Klett-Cotta.

Anthony, Z. & Bhana, K. (1989). An exploratory study of Muslim girls' understanding of death. *Omega, 19(3),* 215-227.

Ariès, P. (1993). *Geschichte des Todes* (6. Aufl.). München: DTV.

Atwood, V. A. (1984). Children's concepts of death: A descriptive study. *Child Study Journal, 14,* 11-29.

Averill, J.R. (1980). A constructivist theory of emotion. In Plutchik, R. & Kellerman, H. (Hrsg.), *Emotion. Theory, research, and experience, Vol. 1.* New York: Academic Press.

Baginsky, A. (1907). Wie schützt man den Säugling vor Erkrankung? In Dietrich, Kimmle, Kayserling, A. & Venn (Hrsg.), *Vorträge über Säuglingspflege und Säuglingsernährung* (S. 27-47). Berlin: Julius Springer.

Baylis, L. A. (1978). Death in children's literature: A conceptual analysis. *Omega, 8(4)*, 295-303.

Becker, A. & Niggemeyer, E. (1979). *Ich will etwas vom Tod wissen.* Geschichten vom Tod und vom Leben. Ravensburg: Mayer.

Berzonsky, M. D. (1987). A preliminary investigation of children's conceptions of life and death. *Merril-Palmer Quarterly, 33(4)*, 505-513.

Bettelheim, B. (1980). *Kinder brauchen Märchen.* München: DTV.

Bleischwitz, K. F. (1986). *Selbsttötung, Sterbehilfe.* Isenbüttel: Aurora.

Bogyi, G. (1987). Individualpsychologische Interventionen bei Kindern und Jugendlichen mit extremen Schock- und Todeserlebnissen. *Zeitschrift für Individualpsychologie, 12(4)*, 292-301.

Bowlby, J. (1983). *Verlust, Trauer und Depression.* Frankfurt/Main: Fischer Taschenbuch Verlag.

Bron, B. (1981). Die Bedeutung von Elternverlusten in der Kindheit bei depressiven und suizidalen Patienten. *Praxis der Kinderpsychologie und -psychiatrie, 40(9)*, 322-327.

Bron, B. (1992). Depression und Suizidalität im Alter. *Zeitschrift für Gerontologie, 25*, 43-52.

Brose, H.G. (1986). Lebenszeit und biographische Zeitperspektive, In: Fürstenberg,F & Mörth, I. (Hrsg.) *Zeit* (S. 175-208). Linz: Trauner.

Bühler, Ch. (1959). *Der menschliche Lebenslauf als psychologisches Problem.* Göttingen: Hogrefe.

Bürgin, D. (1978). *Das Kind, die lebensbedrohliche Krankheit und der Tod.* Bern: Huber.

Bürgin, D. (1992). Die Begleitung sterbender Kinder. In Rösing, I. & Petzold, H. (Hrsg.), *Die Begleitung Sterbender. Theorie und Praxis der Thanatotherapie. Ein Handbuch* (S. 377-390) (2. Aufl.). Paderborn: Junfermann.

Bundeszentrale für gesundheitliche Aufklärung. (1993). *Was jede/r über AIDS wissen sollte* (4. Aufl.). Köln: Bundeszentrale.

Candy-Gibbs, S. E., Sharp, K.C. & Petrun, C.J. (1984-1985). The effects of age, object and religious background on children's concepts of death. *Omega, 15,* 329-346.

Carlson, G.A., Asarnow, J.R. & Orbach, I. (1987). Developmental Aspects of Suicidal Behavior in Children. *Journal of the American Academy of Child and Adolescent Psychiatry, 26,* 186-192.

Cook, T.D., & Campbell, D.T. (1979). *Quasi-experimentation. Design and analysis issues for field settings.* Boston: Houghton Mifflin.

DeMarchi, L. (1988). *Der Urschock. Unsere Psyche, die Kultur und der Tod.* Darmstadt: Luchterhand.

DeWolf, A.S. & Donaldson, L.B. (1980). *Bartlett's familiar quotations*. New York: Little, Brown & Co.

Domino, G., Domino, V. & Berry, T. (1986). Children's Attitudes toward Suicide. *Omega, 17*, 279-287.

Donaldson, M. (1978). *Wie Kinder denken*. Bern: Huber.

Donelly, Elfie. (1977). *Servus Opa, sagte ich leise*. München.

Dürer, A. (1988). *Das gesamte graphische Werk. Einleitung von Wolfgang Hütt. Bd. 2, Druckgraphik*. München: Rogner & Bernhard.

Durkheim, E. (1973). *Der Selbstmord. Mit einer Einleitung von Klaus Dörner und einem Nachwort von René König*. Neuwied/Berlin: Luchterhand (Le Suicide, 1897, dt.).

Ebeling, H. (1984). Philosophische Thanatologie seit Heidegger. In Ebeling, H., *Der Tod der Moderne* (S. 11-31). Frankfurt/Main: Fischer.

Eibach, U. (1992). Menschenwürde und Menschenrechte schwerstpflegebedürftiger Mitmenschen. Zur Bedeutung der gegenwärtigen „Lebenswert-Diskussion" für die Behandlung und Pflege alter und unheilbarer Menschen. *Zeitschrift für Gerontologie, 25*, 3-9.

Einstein,A. (1954). *Über die spezielle und allgemeine Relativitätstheorie*. (16. Auflg.) Braunschweig: Vieweg.

Elias, N. (1982). Über die Zeit, *Merkur, 9*, S.841-856.

Festinger, L. (1957). *A theory of cognitive dissonance*. Stanford CA: Stanford University Press.

Flade, A. (1992). Mobilitätsprobleme von Kindern und Jugendlichen. *Report Psychologie, 17(10)*, 24-33.

Flemming, I. (1991). Tod und Trauer in Kinderbüchern. *Praxis, Spiel + Gruppe, 4(3)*, 110-116.

Florian, V. (1985). Children's concepts of death: An empirical study of a cognitive and environmental approach. *Death Studies, 9*, 133-141.

Foster, K., & Humphries, S. (Ed., transl.). (1959). *Aristotle's De Anima in the version of William of Moerbeke and the commentary of St. Thomas Aquinas* (2. Aufl.). London: Routledge & Kegan Paul.

Frey, D. (1986). Recent research on selective exposure to information. *Advances in Experimental Social Psychology, 19*, 41-80.

Fuchs, W. (1969). *Todesbilder in der modernen Gesellschaft*. Frankfurt/Main: Suhrkamp.

Furman, E. (1974). *A Child's Parent Dies. Studies in Childhood Bereavement*. New Haven, London: Yale University Press.

Gardiner, M. (1979). *Mörder ohne Schuld. Wenn Kinder töten - Gründe und Hintergründe*. Frankfurt/Main: Fischer (Orig.: The deadly innocents; Portraits of children who kill, New York: Basic Books, 1976).

Garfield, Ch. A. (1978). Elements of psychosocial oncology: Doctor-patient relationships in terminal illness. In Garfield, Ch. A. (Hrsg.), *Psychosocial Care of the Dying Patient* (S. 102-118). New York: McGraw-Hill.

Gerbner, G. & Gross, L. (1981). Die „angsterregende" Welt des Vielsehers. *Fernsehen und Bildung, 15*, 17-23.

Gesell, A. & Ilg, F.L. (1946). *The Child from Five to Ten*. New York: Harper & Row.

Gorer, G. (1956). Die Pornographie des Todes. *Der Monat, 8(Mai)*, 58-62.

Gorman, M. C. T. (1983). *Children's concept of death and animistic thinking* (Ph.D. Dissertation, York University [Canada]).

Groebel, J., mit Gleich, U. (1993). *Gewaltprofil des deutschen Fernsehprogramms. Eine Analyse des Angebots privater und öffentlich-rechtlicher Sender*. Opladen: Leske + Budrich.

Groebel, J. & Winterhoff-Spurk, P. (Hrsg.). (1989). *Empirische Medienpsychologie*. München: Psychologie Verlags Union.

Groethuysen, B. (1927). *Die Entstehung der bürgerlichen Welt- und Lebensanschauung in Frankreich, Bd. I*. Halle.

Gunzinger, P.A. (1978). *Sterbehilfe und Strafgesetz*. Zürich: Juris (jur. Dissertation, Universität Bern).

Habermas, J. & Rosemeier, H.P. (1990). Kognitive Entwicklung und Todesbegriff. In Seifge-Krenke, I. (Hrsg.), *Krankheitsverarbeitung bei Kindern und Jugendlichen. Jahrbuch der medizinischen Psychologie* (Bd. 4, S. 263-279).

Hahn, A. (1968). *Einstellungen zum Tod und ihre soziale Bedingtheit. Eine soziologische Untersuchung.* Stuttgart: Enke.

Halpern, E. & Palic, L. (1984). Developmental changes in death anxiety in childhood. *Journal of Applied Developmental Psychology, 5,* 163-172.

Havighurst, R.J. (1972). *Developmental tasks and education.* New York: McKay.

Hawking, S. (1991). *Eine kurze Geschichte der Zeit.* Hamburg: Rowohlt.

Henseler, R. (1974). *Narzißtische Krisen. Zur Psychodynamik des Selbstmords.* Reinbek bei Hamburg: Rowohlt.

Hoberman, H.M. & Garfinkel, B.D. (1988). Completed Suicide in Children and Adolescents. *Journal of the Academy of Child and Adolescent Psychiatry, 27,* 689-695.

Hoffman, S. I. & Strauss, S. (1985). The development of children's conception of death. *Death Studies, 9,* 469-482.

Hornblum, J.N. (1978). *Death concepts in childhood and their relationship to concepts of time and conservation* (Ph.D. dissertation, Temple University. Dissertation Abstracts International, 1978, 2146A).

Imhof, A.E. (1984). Von der unsicheren zur sicheren Lebenszeit. *Vierteljahresschrift für Sozial- und Wirtschaftsgeschichte, 71,* 175-198.

Iskenius-Emmler, H. (1988). *Psychologische Aspekte von Tod und Trauer bei Kindern und Jugendlichen.* Bern: Lang.

Jenkins, R. A. & Cavanaugh, J. C. (1986). Examining the relationship between the development of the concept of death and overall cognitive development. *Omega: Journal of Death and Dying, 16(3)*, 193-199.

Kane, B. (1979). Children's conception of death. *Journal of Genetic Psychology, 134*, 141-153.

Kappes, C. V. . (1981). Erweiterter Suizidversuch im frühen Kindesalter. Versuch einer psychodynamischen Interpretation. *Zeitschrift für Kinder- und Jugendpsychiatrie, 9(1)*, 36-43.

Kastenbaum, R. & Aisenberg, R. (1972). *The Psychology of Death.* New York: Springer.

Kennedy, L. (1991). *Sterbehilfe.* München: Knesebeck & Schuler.

Klemann, M. (1981). Tod und Töten in Familien mit Selbstmord. *Crisis, 2(1)*, 27-36.

Kliman, G. (1980). *Seelische Katastrophen und Notfälle im Kindesalter.* Frankfurt am Main: Fischer (Psychological emergencies of childhood, 1968, dt.).

Kohlberg, L. (1980). *Zur kognitiven Entwicklung des Kindes.* Frankfurt/Main: Fischer.

Knapp, T. W. (1987). Welt meines Kindes: Sterben und Tod im Erleben einer Dreijährigen. *Praxis der Kinderpsychologie und Kinderpsychiatrie, 36(8)*, 308-311.

Krebs. W. (1981). *Zukunftserleben und Selbsttötung.* Frankfurt/Main: Lang.

Kuitert, H.M. (1990). *Darf ich mir das Leben nehmen?* Gütersloh: Mohn.

Kuitert, H.M. (1991). *Der gewünschte Tod. Euthanasie und humanes Sterben.* Gütersloh: Mohn (Een geweenste dod, dt.).

Kuntze, W. (1991). Suicid und Suicidversuche bei Kindern und Jugendlichen. *Ärztliche Praxis und Psychotherapie, 13(5-6),* 39-51.

LaFarge, S. (1987). *The dying adolescent's approach to Havighurst's developmental tasks* (Ph.D. dissertation, Columbia University).

Landeszentrale für Gesundheitserziehung in Rheinland-Pfalz. (1993). *Leo setzt auf Liebe.* Köln: Bundeszentrale für gesundheitliche Aufklärung.

Landsdown, R. & Benjamin, G. (1985). The development of the concept of death in children aged 5-9 years. *Child, 11,* 13-20.

Lazar, A. & Torney-Purta, J. (1991). The development of the subconcepts of death in young children: A short-term longitudinal study. *Child Development, 62(6),* 1321-1333.

Lehr, U. & Schuster, M. (1976). Euthanasie in der Gerontologie: Die Vorbereitung auf das Lebensende - psychologische Aspekte. *Ärztliche Praxis, 28,* 1528-1532.

Levy-Strauss, C. (1968). *Das wilde Denken.* Frankfurt/Main: Fischer.

Lindgren, A. (1973). *Die Brüder Löwenherz.* Hamburg: Oetinger.

Lonetto, R. (1980). *Children's Conceptions of Death.* New York: Springer.

Marks, A. (1988). Structural Parameters of Sex, Race, Age and Education and Their Influence on Attitudes toward Suicide. *Omega, 19,* 313-330.

Martens, H. (1992). *Eine ernste Warnung!* (Informationsblatt der Freien evangelischen Gemeinde Hamburg, Bezirk Holstenwall).

Mebs, G. (1991). *Birgit. Eine Geschichte vom Sterben.* Aarau: Sauerländer.

Merleau-Ponty, M. (1966). *Phänomenologie der Wahrnehmung.* Berlin: de Gruyter.

Mitford, J. (1965). *Der Tod als Geschäft* (The American Way of Death, dt.). Berlin: Ullstein .

Montada, L. (1987). Die geistige Entwicklung aus der Sicht Jean Piagets. In Oerter, R. & Montada, L. (Hrsg.), *Entwicklungspsychologie* (2. Aufl.). München, Weinheim: Psychologie Verlags Union.

Moody, R.A. (1975). *Life after life.* Atlanta: Mockingbird.

Nagy, M. (1948). The child's theories concerning death. *Journal of Genetic Psychology, 73,* 3-27.

Nöhring, K.U. (1982). Zur Problematik von Suizidversuchen bei Kindern und Jugendlichen. In Reimer, C. E. (Hrsg.), *Suizid. Ergebnisse und Therapie* (S. 147-151). Heidelberg: Springer.

Normand, C. L. & Mishara B. L. (1992). The development of the concept of suicide in children. *Omega, 25(3)*, 183-203.

Noyes, R. (1971). Dying and mystical consciousness. *Journal of Thanatology, 1*, 25-41.

Ochsmann, R. (Hrsg.). (1991). *Lebens-Ende. Über Tod und Sterben in Kultur und Gesellschaft*. Heidelberg: Asanger.

Ochsmann, R., Hettwer, H. & Floto, C. (1991). Am Ende des Lebens: Nahe-Tod-Erlebnisse und Sterbeerfahrungen. In Ochsmann, R. (Hrsg.), *Lebens-Ende. Über Tod und Sterben in Kultur und Gesellschaft* (S. 101-118). Heidelberg: Asanger.

Orbach, I. (1990). *Kinder, die nicht leben wollen*. Göttingen: Vandenhoek & Ruprecht.

Orbach, I., Orly, T., Peri, K. & Har-Even, D. (1987). Sequential patterns of five subconcepts of human and animal death in children. *Journal of the American Academy of Child and Adolescent Psychiatry, 26(4)*, 578-582.

Orbach, I., Yigal, G., Hananya, G., & Berman, D. (1986). Children's perception of various determinants of the death concept as a function of intelligence, age, and anxiety. *Journal of Clinical Child Psychology, 15(2)*, 120-126.

Oschlies, W. (1979). Jugendpolitische Aspekte des neueren Selbstmord-Geschehens in Osteuropa. *Pädagogische Rundschau, 33(4)*, 211-252.

Otto, U. (1983). Suizidversuche bei Kindern und Jugendlichen. In Jochmus, I. & Förster, E. (Hrsg.), *Suizid bei Kindern und Jugendlichen* (S. 19-27). Stuttgart: Enke.

Pfeffer, C.R., Lipkins, R., Plutchik, R. & Mizruchi, M.S. (1988). Normal Children at Risk for Suicidal Behavior: A Two-Year Follow-up Study. *Journal of the American Academy of Child and Adolescent Psychiatry, 27*, 34-41.

Phillips, D.P. (1986). Natural Experiments on the Effects of Mass Media Violence on Fatal Aggression: Strength and Weaknesses of a New Approach. In Berkowitz, L. (Hrsg.), *Advances in Experimental Social Psychology* (Bd. 19, S. 207-250). New York: Academic Press.

Piaget, J. (1952). *The language and thought of the child*. London: Routledge & Kegan Paul.

Piaget, J. (1955). *Die Bildung des Zeitbegriffes beim Kinde*. Zürich: Rascher.

Piaget, J. (1969). *Nachahmung, Spiel und Traum*. Stuttgart: Klett.

Piaget, J. (1975). *Der Aufbau der Wirklichkeit beim Kinde. Mit einer Einführung von Hans Aebli*. Stuttgart: Klett (Gesammelte Werke, Studienausgabe, Bd.2).

Piaget, J. (1969). *Das Erwachen der Intelligenz beim Kinde*. Stuttgart: Klett.

Piaget, J. & Inhelder, B. (1974). *Gedächtnis und Intelligenz*. Olten: Walter.

Poe, E. A. (1967). *Werke II. Deutsch von Arno Schmidt und Hans Wollschläger*. Olten & Freiburg/Br.: Walter.

Popper, K.R & Eccles, J. (1977). *The self and its brain*. New York: Springer.

Prichard, S. & Epting, F. (1992). Children and death: New horizons in theory and measurement. *Omega, 24(4)*, 271-288.

Reilly, T.P., Hasazi, J.E. & Bond, L.A. (1983). Children's conceptions of death and personal mortality. *Journal of Pediatric Psychology, 8*, 21-31.

Rosemeier, H. P. (1983). Das kranke Kind und der Tod. In Lockot, R. & Rosemeier, H. P. (Hrsg.), *Ärztliches Handeln und Intimität: Eine medizin-psychologische Perspektive* (S. 70-75). Stuttgart: Enke.

Schorsch, S. (1992). *Die Entwicklung von Konzepten über das Lebensalter bei Kindern und Jugendlichen*. Münster/New York: Waxmann.

Shaffer, D. (1974). Suicide in childhood and early adolescence. *Journal of Child Psychology and Psychiatry, 15*, 275-291.

Simmel, G. (1918). *Lebensanschauungen*. München/Leipzig: Duncker u. Humbolt.

Simon, G. (1985). *Die Sterbehilfe-Bewegung. Entstehung, Entwicklung, Bedeutung und Aussichten* (Dissertation, Universität Erlangen-Nürnberg).

Singer, P. (1984). *Praktische Ethik.* Stuttgart: Reclam (Practical Ethics, 1979, dt.).

Sisson, P. (1987). *Children's conceptions of death: The influence of cognitive development and death related experience* (Psy.D. dissertation, University of Northern Colorado).

Smilansky, S. & Weissman, T. (1978). *A guide for rehabilitation workers with orphans of war casualties and their mothers.* Jerusalem: Henrietta Szold Institute.

Specht, F. & Schmidtke, A. (1986). *Selbstmordhandlungen bei Kindern und Jugendlichen.* Regensburg: Roderer.

Speece, M. W. & Brent, S. B. (1984). Children's understanding of death: A review of three components of a death concept. *Child Development, 55(5)*, 1671-1686.

Speece, M. W. & Brent, S. B. (1992). The acquisition of a mature understanding of three components of the concept of death. *Death Studies, 16(3)*, 211-229.

Sperling, E. (1980). Suizid und Familie. *Gruppenpsychotherapie und Gruppendynamik, 16(1-2)*, 24-34.

Spiecker-Verscharen, I. (1982). *Kindheit und Tod. Die Konfrontation mit dem Tod in der modernen Kinderliteratur.* Frankfurt/Main: Haag & Herchen (Studien zur Kinder- und Jugendmedien-Forschung, Bd. 9).

Spiegel, Y. (1973). *Der Prozeß des Trauerns. Analyse und Beratung.* München, Mainz: Kaiser, Grünewald (Gesellschaft und Theologie, Abt.: Praxis der Kirche, Nr. 14).

Spiel, W. (1977). Extreme psychogene Schocksituationen im Kindesalter. In Göllnitz, G. et al. (Hrsg.), *Akute Krankheitszustände und Notsituationen in der Neurologie und Psychiatrie.* Leipzig: Hirzel.

Spiel, W. (1981). Zur Problematik eines Diagnoseschemas psychogener Prozesse. *Wiener Klinische Wochenschrift (Sonderdruck), 93, 16,* 522-526.

Stadler, C. (1991). *Sterbehilfe - gestern und heute.* Bonn: Psychiatrie-Verlag.

Stambrook, M. & Parker, K. C. (1987). The development of the concept of death in childhood: A review of the literature. *Merrill-Palmer Quarterly, 33(2),* 133-157.

Tessler, M. (1979). *Die Persönlichkeitsreife des hoffnungslos kranken Kindes. Eine testpsychologische Untersuchung an leukämiekranken, todgeweihten Kindern in Österreich und Israel* (Dissertation, Universität Salzburg, Naturwissenschaftliche Fakultät).

Todd, M. R. (1989). *Predicting suicidal ideation, threats and attempts in young children* (Ph.D. dissertation, Hofstra University).

Vitouch, P. (1993). *Fernsehen und Angstbewältigung. Zur Typologie des Zuschauerverhaltens.* Opladen: Westdeutscher Verlag.

Vogt, I. (1986). Zeiterfahrung und Zeitdisziplin. In Fürstenberg, F. & Mörth, I. (Hrsg.), *Zeit* (S.209-236). Linz: Taunus.

Walco, G. A. (1984). *Fatally ill children's comprehension of death* (Ph.D. Dissertation, Ohio State University).

Weber, M. (1956). Richtungen und Stufen religiöser Weltablehnung. In Weber, M. (Hrsg.), *Soziologie, Weltgeschichtliche Analysen, Politik* (S. 441-483) (2. Aufl.). Stuttgart:.

Wenestam, C.G. & Wass, H. (1987). Swedish and U.S. children's thinking about death: A qualitative study and cross-cultural comparison. *Death Studies, 11(2),* 99-121.

Wessel, W. (1987). *Verkehrskonfliktbeobachtung in der Verkehrserziehung. Entwicklung und Erprobung eines verkehrspädagogischen Programms für die Sekundärstufen I und II.* Köln: Verlag TÜV Rheinland (Mensch-Fahrzeug-Umwelt; 19).

Wienforth, J. (1985). Suizidalität und Weitergabe von Todeserlebnissen in der Familie. *Zeitschrift für Psychosomatische Medizin und Psychoanalyse, 31(4),* 365-379.

Winau, R. (1984). Sterbehilfe. In Winau, R. & Rosemeier, H.P. (Hrsg.), *Tod und Sterben* (S. 365-412). Berlin, New York: De Gruyter.

Wittkowski, J. (1972). *Zeiterleben.* Lexikon der Psychologie, Bd. 3.

Wittkowski, J. (1978). *Tod und Sterben - Ergebnisse der Thanatopsychologie*. Heidelberg: Quelle & Meyer.

Wittkowski, J. (1990). *Psychologie des Todes*. Darmstadt: Wissenschaftliche Buchgesellschaft.

Wittkowski, J. (1991). Psychologie des Todes. Der Tod - wie erleben wir ihn? *Universitas, 46(4)*, 314-322.

Wittkowski, J. & Schnell, H. (1981). Strukturen der Todesvorstellung bei 8-14jährigen. *Zeitschrift für Entwicklungspsychologie und Pädagogische Psychologie, 13*, 304-311.

Zobl, G. (1984). *Entwicklung und Determinanten des vorschulkindlichen Todeskonzeptes* (Dissertation, Universität Salzburg, Naturwissenschaftliche Fakultät).

Wolfgang Giegerich

Tötungen. Gewalt aus der Seele
Versuch über Ursprung und Geschichte des Bewußtseins

Frankfurt/M., Berlin, Bern, New York, Paris, Wien, 1994. 206 S.
ISBN 3-631-46629-3 br. DM 64.--

'Gewalt' und 'Seele' scheinen einander auszuschließen. Dieses Buch versucht jedoch zu zeigen, daß sich die Entstehung von Seele, Bewußtsein, Kultur der Gewalt verdankt: dem urzeitlichen Töten in Jagd und Opfer. Es greift dabei auf die großartigen Entwürfe von Burkert und Girard zurück, stößt sich aber von ihrem Reduktivismus zu einer von der Kategorie des seelischen Sinnes geleiteten Sicht hin ab. Es wird nachgezeichnet, wie genau in jenem Töten Bewußtsein entsteht, warum dann aber die Seele in ihrer weiteren Geschichte sich radikal gegen die Opfer wenden mußte und welchem seelischen Sinn die in der Folge aufkommenden nicht mehr rituellen Tötungen – von den Hexenverbrennungen bis hin zu Auschwitz – dienten. Das Stichwort "virtual reality" erlaubt Ausblicke auf den unbewußten Sinn vieler gänzlich uneinfühlbarer Gewalttaten unserer Tage.

Aus dem Inhalt: Das gestörte Verhältnis zur Gewalt · Großwildjagd und Opferschlachtung · Schamanische Erfahrung: Innenschau der jägerischen Opfertötung · Auseinandersetzung mit Jung, Hillman, Baudler, Burkert, Girard · Die Wendung der Seele gegen sich selbst · Zur Geschichte der Tötungen im Abendland · Der logische Status der Psychologie

Peter Lang Europäischer Verlag der Wissenschaften
Frankfurt a.M. • Berlin • Bern • New York • Paris • Wien
Auslieferung: Verlag Peter Lang AG, Jupiterstr. 15, CH-3000 Bern 15
Telefon (004131) 9411122, Telefax (004131) 9411131
- Preisänderungen vorbehalten - *inklusive Mehrwertsteuer

Printed by
CPI books GmbH, Leck

FSC
www.fsc.org
MIX
Papier | Fördert gute Waldnutzung
FSC® C083411

Kolibri 360 GmbH
Ferdinand-Jühlke-Straße 7
99095 Erfurt, Deutschland
produktsicherheit@kolibri360.de